STORMIE OMARTIAN

Ore

STORMIE OMARTIAN

90 DEVOCIONAIS DIÁRIOS

mundocristão

Excertos extraídos dos seguintes livros de Stormie Omartian: *30 Days to Becoming a Woman of Prayer, Choose Love, Just Enough Light for the Step I'm On, The Power of Praying®, The Power of Praying® Through the Bible.*

Os textos bíblicos foram extraídos da *Nova Versão Transformadora* (NVT), da Tyndale House Foundation, salvo indicação específica.

Cip-Brasil. Catalogação na publicação
Sindicato Nacional dos Editores de Livros, RJ

O61o

Omartian, Stormie
Ore : 90 devocionais diários / Stormie Omartian. - 1. ed. - São Paulo : Mundo Cristão, 2025.
192 p.

ISBN 978-65-5988-462-9

1. Literatura devocional. 2. Devoções diárias. I. Título.

25-98146.0 CDD: 242
CDU: 27-583

Gabriela Faray Ferreira Lopes - Bibliotecária - CRB-7/6643

Categoria: Devocional
1ª edição: outubro de 2025
Printed in China / Impresso na China

Edição
Daniel Faria

Revisão
Ana Luiza Ferreira

Produção e diagramação
Felipe Marques

Colaboração
Gabrielli Casseta
Guilherme Lorenzetti

Capa
Jonatas Belan

Publicado no Brasil com todos os direitos reservados por:

Editora Mundo Cristão
Rua Antônio Carlos Tacconi, 69
São Paulo, SP, Brasil
CEP 04810-020
Telefone: (11) 2127-4147
www.mundocristao.com.br

NOTA AO LEITOR

A palavra do Senhor nunca volta vazia. Embora tenhamos ouvido e lido essa mesma frase centenas de vezes, nem sempre somos capazes de apropriar-nos da profundidade de seu sentido. As distrações da vida nos fazem imergir em um mar de preocupações, dúvidas e angústias sem fim.

Foi pensando em oferecer um refrigério para o dia a dia que este devocional foi concebido. Escrito por Stormie Omartian, uma das autoras mais aclamadas quando o tema é confiança no Senhor, oração, louvor ou amor a Deus e ao próximo, *Ore* é o segundo de uma série de quatro livros com 90 devocionais que nos ajudará a redirecionar o foco de prioridades para o que de fato é relevante: *buscar a Deus em oração.*

Disposto em páginas duplas, coloridas, com espaço para reflexões e anotações, cada devocional traz, para reflexão e estudo, uma sugestão de leitura de textos bíblicos relacionados com a temática desenvolvida, além de uma oração. Como recurso adicional, uma frase em destaque apresenta o ponto principal da leitura, o qual poderá ser revisitado em um simples folhear de páginas.

Encorajamos você a fazer desta leitura o ponto alto de seu dia, pois aqueles que caminharem com o Senhor "viverão com alegria e paz; os montes e as colinas cantarão, e as árvores do campo baterão palmas" (Is 55.11).

Editora Mundo Cristão

Sumário

DIA 1

A importância *de engajar-se*

LEIA 2TIMÓTEO 2.1-4 E REFLITA

NENHUM SOLDADO SE DEIXA ENVOLVER EM ASSUNTOS DA VIDA CIVIL, POIS SE O FIZESSE NÃO PODERIA AGRADAR O OFICIAL QUE O ALISTOU.

2TIMÓTEO 2.4

Não temos de nos alistar no exército de Deus. Já o fizemos quando entregamos a vida a Jesus. No entanto, precisamos nos engajar na guerra. As batalhas não estão se tornando menos frequentes nem menos intensas com o tempo. Pelo contrário, vêm aumentando em todos os aspectos. Não podemos simplesmente ignorar esse fato e ainda esperar que permaneceremos firmes. E para enfrentar essa batalha a maior arma do cristão é a oração.

Devemos tomar parte na guerra agora, pois o inimigo sabe que resta pouco tempo antes da volta do Senhor e está se esforçando ao máximo para realizar seus planos. A guerra está mais difícil que nunca. Podemos ver ataques incessantes contra a saúde, os sentimentos, os relacionamentos, o trabalho, a reputação, as finanças e a segurança de cada cristão. Esses ataques são epidêmicos e não podem ser ignorados.

"Engajar-se" significa dedicar-se com *afinco* ou tomar parte em algo. Também significa comprometer-se *voluntariamente*. É assumir uma obrigação. É optar por envolver-se em algo. Ao aceitar Jesus, você se comprometeu a tomar parte na batalha. Reconheceu que uma guerra está sendo travada e compreendeu o chamado de Deus para *orar*.

Senhor, como guerreira de oração, quero me comprometer contigo a fim de enfrentar os planos do inimigo e orar para que tua vontade seja feita aqui na terra. Sei que não posso lutar com minhas próprias forças, por isso peço que teu Santo Espírito me capacite e me dê forças para ser vitoriosa.

AO ACEITAR JESUS, VOCÊ SE COMPROMETEU A TOMAR PARTE NA *batalha*. RECONHECEU QUE UMA GUERRA ESTÁ SENDO TRAVADA E COMPREENDEU O CHAMADO DE DEUS PARA *orar*.

DIA 2

O Espírito da *verdade*

LEIA JOÃO 16.5-15 E REFLITA

QUANDO VIER O ESPÍRITO DA VERDADE, ELE OS CONDUZIRÁ A TODA A VERDADE. NÃO FALARÁ POR SI MESMO, MAS LHES DIRÁ O QUE OUVIU E LHES ANUNCIARÁ O QUE AINDA ESTÁ PARA ACONTECER.

JOÃO 16.13

O Espírito Santo é chamado Espírito da verdade. Ele nos capacita a discernir entre verdade e mentira. Embora haja engano por toda parte em nosso mundo, acreditamos na verdade de Deus e vivemos de acordo com ela.

O Espírito pode nos dar conhecimento de determinado assunto, iluminando de modo sobrenatural nosso coração e mente. Sabemos que esse tipo de entendimento não surgiu por acaso. Ele vem de Deus. Não queremos ser como aquelas pessoas que "estão sempre em busca de novos ensinos, mas jamais conseguem entender a verdade" (2Tm 3.7). Queremos conhecer a verdade, e o Espírito da verdade nos ensinará.

Há sempre decisões que exigem discernimento e não abrem espaço para interpretações equivocadas. Nesses momentos é preciso, acima de tudo, ouvir em oração a voz mansa e suave do Espírito da verdade dizendo-nos o que é ou não real.

Ao orar, roguemos ao Espírito de Deus que nos guie em toda verdade e nos dê entendimento. Algum dia, essa pode ser a diferença entre a vida e a morte.

Senhor, eu te agradeço porque me concedes discernimento neste mundo cheio de confusão e mentiras. Guarda-me de todo engano e de toda ilusão, e guia-me sempre no caminho da verdade.

HÁ SEMPRE DECISÕES QUE EXIGEM *discernimento*. NESSES MOMENTOS É PRECISO, ACIMA DE TUDO, OUVIR EM ORAÇÃO A VOZ MANSA E SUAVE DO ESPÍRITO DA *verdade*.

DIA 3 # Chamada para *interceder*

LEIA 1TIMÓTEO 2.1-6 E REFLITA

EM PRIMEIRO LUGAR, RECOMENDO QUE SEJAM FEITAS PETIÇÕES, ORAÇÕES, INTERCESSÕES E AÇÕES DE GRAÇAS EM FAVOR DE TODOS.

1TIMÓTEO 2.1

O trabalho crucial de uma intercessora é pôr-se diante de Deus em favor de alguém ou de alguma situação. Quando oramos, criamos uma ponte entre as necessidades de outros e o derramamento da misericórdia de Deus.

Ser intercessor é um chamado celestial, e o próprio chamado confirma sua autoridade para cumpri-lo.

Paulo orou pelos efésios para que Deus lhes desse "sabedoria espiritual e entendimento" a fim de que crescessem no conhecimento de Deus (Ef 1.17). Queria que o coração dos efésios fosse iluminado para que conhecessem "a esperança concedida àqueles que ele chamou e a rica e gloriosa herança que ele deu a seu povo santo" (v. 18). Nosso chamado para interceder faz parte de nossa herança e vocação cristã.

Não somos chamados porque nós somos grandes, mas sim porque Deus é grande. Deus não chama indivíduos poderosos nem "sábios aos olhos do mundo" (1Co 1.26). "Pelo contrário, Deus escolheu as coisas que o mundo considera loucura para envergonhar os sábios, assim como escolheu as coisas fracas para envergonhar os poderosos" (v. 27). Escolheu coisas "tidas como insignificantes, e as usou para reduzir a nada aquilo que o mundo considera importante" (v. 28).

Senhor Deus, ensina-me a ser uma verdadeira intercessora. Em mim mesma, não tenho poder algum, mas tu me capacitas para cumprir meu chamado. Muito obrigada pelo privilégio de orar por outros.

SER INTERCESSOR É *um chamado celestial*, E O PRÓPRIO CHAMADO CONFIRMA SUA AUTORIDADE PARA CUMPRI-LO.

DIA 4

Passar tempo *com Deus*

LEIA LUCAS 6.12-19 E REFLITA

CERTO DIA, POUCO DEPOIS, JESUS SUBIU A UM MONTE PARA ORAR E PASSOU A NOITE ORANDO A DEUS.

LUCAS 6.12

Para nos tornarmos tudo que Deus quer que sejamos, precisamos passar tempo com ele, em oração. A comunicação de Jesus com Deus Pai era constante e dela vinha seu poder, o mesmo poder que nos é concedido quando falamos com Deus Pai em nome de Jesus. Somos capacitados da mesma forma que o Filho, ou seja, pelo Espírito Santo, mediante a oração.

Nosso relacionamento com Deus deve ser de amor — desejo de estar com ele —, assim como era o de Jesus com seu Pai celestial. Jesus não apenas pedia coisas. Tinha o desejo de andar e falar com Deus, e estar em sua presença. Duvido que Jesus orasse por *obrigação*; ele o fazia por *amor*.

Tenho desejo de orar a meu Pai celestial em nome de Jesus porque não consigo viver sem a presença dele em minha vida. Há um vazio em nossa alma que não pode ser preenchido por nada, exceto por Deus. Ele nos dá seu Espírito Santo quando aceitamos Cristo, mas espera que nos aproximemos dele para que sejamos renovados diariamente. Não se trata do enfraquecimento do Espírito Santo em nossa vida. Nós é que enfraquecemos sem a renovação frequente. A maneira de satisfazer nossas necessidades espirituais — e todos nós as temos, quer as reconheçamos, quer não — é passar tempo com nosso Pai celestial em oração.

Querido Pai, cria em mim o desejo cada vez maior de desfrutar de tua companhia em oração e quietude. Quero ser nutrida por tua Palavra e revigorada por tua presença.

PARA NOS TORNARMOS TUDO QUE DEUS QUER QUE SEJAMOS, PRECISAMOS PASSAR *tempo* COM ELE, EM *oração*.

DIA 5

Até *quando?*

LEIA O SALMO 13 E REFLITA

Até quando, Senhor, te esquecerás de mim? Será para sempre? Até quando esconderás de mim o teu rosto?

Salmos 13.1

Se você orou por algum assunto e ainda não obteve resposta, lembre-se de que orar não é dizer a Deus o que ele deve fazer. É contar ao Senhor o que você deseja que ele faça e entregar a questão nas mãos dele, esperando que ele aja no tempo e conforme a vontade dele.

O rei Davi, o homem segundo o coração de Deus, se perguntou por quanto tempo ficaria triste porque o Senhor não parecia ouvi-lo. No final, decidiu confiar na misericórdia de Deus e louvá-lo por todas as coisas boas que lhe havia feito (Sl 13). Também precisamos confiar na misericórdia de Deus e louvá-lo por todas as coisas boas que ele fez e faz em nossa vida.

Enfurecer-se com o Senhor por ele não atender a uma oração é dar as costas à única possibilidade de vivenciar um milagre. Em vez disso, acheguemo-nos ao Senhor com louvores por ele ser o onipotente e onisciente Deus do universo, que supre qualquer necessidade. A confiança em Deus nos abre os olhos para vermos que, mesmo quando nossos pedidos de oração parecem complicados ou extremos, o Senhor tem poder para mudar todas as coisas.

Orar é derramar nosso coração diante de Deus. Embora ele saiba o que está lá dentro, quer ouvir-nos conversar com ele. Em sua soberania, o Senhor determinou que primeiro devemos orar, para só então ele conceder a resposta.

Pai querido, concede-me paciência e confiança em ti para que eu persevere em oração mesmo quando as respostas não são visíveis.

A *confiança* EM DEUS NOS ABRE OS OLHOS PARA VERMOS QUE, MESMO QUANDO NOSSOS PEDIDOS DE ORAÇÃO PARECEM COMPLICADOS OU EXTREMOS, O SENHOR TEM *poder* PARA MUDAR TODAS AS COISAS.

DIA 6

Venha o *teu reino*

LEIA LUCAS 17.20-25 E REFLITA

POIS O REINO DE DEUS JÁ ESTÁ ENTRE VOCÊS.

LUCAS 17.21

No reino de Deus, a vida triunfa sobre a morte, a luz domina as trevas, e os poderes satânicos destruidores são subjugados pelo governo divino.

Quando Jesus foi crucificado e ressuscitou, ele quebrou todo o poder do inferno e estabeleceu o governo de Deus na terra. Agora, além de termos vida com ele por toda a eternidade, também recebemos mais vida enquanto aqui estamos.

O reino de Deus é um reino espiritual. Jesus afirmou que seu reino não é deste mundo (Jo 18.36). Ele vem do Senhor, que está no céu. Também declarou: "É mais fácil um camelo passar pelo buraco de uma agulha que um rico entrar no reino de Deus" (Mt 19.24). Isso significa que não é possível colocar a riqueza material deste mundo acima do Senhor e ainda esperar entrar em seu reino. Jesus é o Rei do reino de Deus. O inimigo governa no reino terreno do materialismo.

Quando oramos "venha o teu reino", pedimos a Deus que estabeleça seu governo dentro de nós, para que nos submetamos inteiramente a ele. Também pedimos que estabeleça seu reino onde quer que estejamos. A consequência, então, é que a vontade do Senhor se realiza na terra da mesma maneira que é feita sem questionamento no céu.

Senhor e Rei, peço que estabeleças teu governo firmemente dentro de mim, concedendo-me um coração disposto a obedecer-te e a anunciar as boas-novas de teu reino de justiça e paz.

QUANDO ORAMOS "VENHA O TEU REINO", PEDIMOS A *Deus* QUE ESTABELEÇA SEU *governo* DENTRO DE NÓS, PARA QUE NOS SUBMETAMOS INTEIRAMENTE A ELE.

DIA 7

Obstáculos para *a oração*

LEIA SALMOS 32.3-5 E REFLITA

ENQUANTO ME RECUSEI A CONFESSAR MEU PECADO, MEU CORPO DEFINHOU, E EU GEMIA O DIA INTEIRO.

SALMOS 32.3

Todos nós sabemos que o coração abriga pensamentos, sentimentos e atitudes que não agradam a Deus. Por causa disso, supomos que Deus está descontente conosco e, portanto, que não merecemos respostas às orações.

De fato, nunca fomos merecedores de suas bênçãos. Fomos perdoados de todos os pecados do passado pela graça de Deus (Ef 1.7) e, depois que aceitamos Jesus, fomos perdoados, por sua misericórdia, dos pecados subsequentes.

Quando nos desviamos dos caminhos do Senhor — e todos fazemos isso uma hora ou outra — e não confessamos nosso pecado nem nos arrependemos de tê-lo cometido, geramos uma distância entre nós e Deus, impedindo sua resposta a nossas orações. O pecado não confessado acarreta consequências, e Deus — que não recompensa mau comportamento mas, em vez disso, deseja abençoar — aguarda até que lamentemos nossa falta e a ele recorramos em busca de perdão.

Não permita que a desobediência aos caminhos de Deus erga um muro entre você e ele. Apresente imediatamente seu pecado a Deus, e arrependa-se lamentando por suas ações e dispondo-se a não incorrer nele novamente. Esse é o gesto que Deus aguarda para voltar a responder nossas orações.

—

Pai de amor, busco tua ajuda para arrepender-me, confessar meus pecados e aceitar teu generoso perdão. Mostra-me em que áreas levantei obstáculos para o relacionamento contigo e remove-os com tua graça.

QUANDO NOS *desviamos* DOS CAMINHOS DO SENHOR E NÃO *confessamos* NOSSO PECADO NEM NOS ARREPENDEMOS DE TÊ-LO COMETIDO, GERAMOS UMA DISTÂNCIA ENTRE NÓS E DEUS, IMPEDINDO SUA RESPOSTA A NOSSAS ORAÇÕES.

DIA 8

Ore como *Jesus*

LEIA MARCOS 14.32-42 E REFLITA

ABA, PAI, TUDO É POSSÍVEL PARA TI.
PEÇO QUE AFASTES DE MIM ESTE CÁLICE.
CONTUDO, QUE SEJA FEITA A TUA
VONTADE, E NÃO A MINHA.
MARCOS 14.36

Seja um imitador de Jesus na oração. Ele entendia a oração como uma forma de comunhão com seu Pai celestial. Não como um dever, mas como uma necessidade.

Jesus orava pela manhã. "No dia seguinte, antes do amanhecer, Jesus se levantou e foi a um lugar isolado para orar" (Mc 1.35).

Jesus orava à noite. "Jesus subiu a um monte para orar e passou a noite orando a Deus" (Lc 6.12).

Jesus orava sozinho. "Depois de mandá-las para casa, Jesus subiu sozinho ao monte a fim de orar. Quando anoiteceu, ele ainda estava ali, sozinho" (Mt 14.23).

Jesus não fazia coisa alguma sem antes orar. "O Filho não pode fazer coisa alguma por sua própria conta. Ele faz apenas o que vê o Pai fazer. Aquilo que o Pai faz, o Filho também faz" (Jo 5.19).

Devemos orar como Jesus orava: dia e noite, em comunhão, com ações de graças, sujeitando-se humildemente à vontade do Pai.

Querido Jesus, muito obrigada porque não apenas nos instruíste a orar, mas também deste o exemplo de como devemos fazê-lo. Sou grata, ainda, porque conheces minhas fraquezas e dificuldades em orar e me dás o auxílio do Espírito.

DEVEMOS *orar como Jesus* ORAVA: DIA E NOITE, EM COMUNHÃO, COM AÇÕES DE GRAÇAS, SUJEITANDO-SE HUMILDEMENTE À VONTADE DO PAI.

DIA 9

Orações que *perduram*

LEIA APOCALIPSE 5 E REFLITA

CADA UM TINHA UMA HARPA E TAÇAS DE OURO CHEIAS DE INCENSO, QUE SÃO AS ORAÇÕES DO POVO SANTO.

APOCALIPSE 5.8

Não somos fracos. Somos filhos do Rei, e ele é forte em nós mediante o poder do Espírito. Há uma vocação em nossa vida que não tem nada a ver com sexo, idade, sucesso, nível educacional, raça, cor, cultura ou partido político. Somos todos filhos de Deus sob um único sangue — o sangue de Cristo.

Nunca estamos sozinhos na batalha. Há "espíritos enviados para cuidar daqueles que herdarão a salvação" (Hb 1.14), ou seja, para cuidar de nós. Temos uma herança no Senhor. Há anjos que nos ajudam. Há o Espírito Santo, que está em nós e nos capacita.

Muitas pessoas se sentiram assustadas como nós diante da oposição do inimigo. No entanto, elas lutaram com coragem, pois sabiam que ele também é o inimigo de Deus e que a vitória pertence ao Senhor. Talvez não sejamos reconhecidos como grandes guerreiros de oração na terra, mas Deus vê nossos esforços.

Quando oramos, nossas orações não evaporam no ar. Elas perduram! Significa que nossas orações não duram apenas alguns segundos. Elas continuam. Elas existem diante de Deus e seguem adiante realizando a vontade dele. Não é maravilhoso? O que fazemos como guerreiros de oração permanece além de nossa vida na terra.

Senhor, quando eu me sentir atemorizada diante do inimigo ou desanimada com as circunstâncias, desejo me lembrar de que não estou só. Tu estás comigo na batalha, e minhas orações têm efeito duradouro. Muito obrigada.

O QUE FAZEMOS COMO *guerreiros de oração* PERMANECE ALÉM DE NOSSA VIDA NA TERRA.

DIA 10

Seja um *intercessor*

LEIA 2CORÍNTIOS 1.9-11 E REFLITA

E VOCÊS NOS TÊM AJUDADO AO ORAR POR NÓS. ENTÃO MUITOS DARÃO GRAÇAS PORQUE DEUS, EM SUA BONDADE, RESPONDEU A TANTAS ORAÇÕES FEITAS EM NOSSO FAVOR.

2CORÍNTIOS 1.11

Ao orar como intercessor, você está servindo a Deus de forma direta e pessoal. Quando ora por outros, realiza a vontade de Deus para eles, promove o avanço do reino de Deus em oração, faz as obras das trevas retrocederem, faz correntes serem quebradas e escravos do inimigo serem libertos. E mais, promove restauração onde ela é necessária, faz que a cura e a plenitude se arraiguem onde há enfermidade e sofrimento, traz consolo onde há aflição, cultiva esperança onde há desesperança, revela Jesus àqueles que estão imobilizados por armadilhas de falsos deuses e ídolos, e propaga o amor de Deus a pessoas que nem sabem que ele existe.

Sempre que você orar por suas próprias necessidades e por aquilo que pesa em seu coração, peça a Deus que lhe dê direção, trazendo à sua mente uma pessoa, um grupo de pessoas ou uma situação. Ele trará a seu coração o desejo de orar por determinada pessoa ou circunstância. O Espírito Santo em você a ajudará a interceder, e você saberá quando Deus a está chamando para orar intensamente por alguém ou por algo, pois sentirá esse fervor durante a oração.

Deus de amor, obrigada pelo privilégio de interceder por outros diante de teu trono de graça. Dirige-me em minhas súplicas, para que elas sejam feitas sempre segundo tua vontade. Fortalece minha fé para que outros possam ser abençoados e sustentados por meio de minhas orações.

AO *orar como intercessor*, VOCÊ ESTÁ SERVINDO A DEUS DE FORMA DIRETA E PESSOAL.

DIA 11

Por que não *oramos?*

LEIA PROVÉRBIOS 15.8-9 E REFLITA

OS SACRIFÍCIOS DOS PERVERSOS SÃO DETESTÁVEIS PARA O SENHOR, MAS ELE TEM PRAZER NAS ORAÇÕES DOS JUSTOS.

PROVÉRBIOS 15.8

Se sabemos que Deus tem prazer em nossas orações, por que oramos tão pouco? Vejamos algumas possíveis razões para não orarmos tanto quanto deveríamos ou com o fervor necessário:

- Não cremos plenamente no que a Palavra de Deus diz sobre a oração.
- Pensamos estar ocupados demais.
- Não acreditamos que Deus ouvirá nem responderá.
- Achamos que podemos fazer a vida dar certo por conta própria.
- Imaginamos que não sabemos orar.
- Esquecemos que temos o Espírito Santo em nós, funcionando como uma linha direta com Deus, que nos ajuda a orar.

- Não encaramos a oração como um diálogo com Deus, por isso achamos que nossas orações nunca chegam aos ouvidos do Senhor.

Se você se identifica com algum desses motivos para não orar mais, saiba que não está sozinho. Há muitas pessoas que se sentem da mesma forma. Felizmente, porém, você pode *orar* sobre a *oração*, e Deus a capacitará para ter uma vida de oração mais vigorosa.

Senhor, fortalece minha fé em ti e no poder que concedes por meio das orações. Que teu Espírito me ajude a orar quando eu não souber como pedir, e que minhas súplicas sejam sempre acompanhadas de gratidão.

VOCÊ PODE *orar* SOBRE A *oração*, E DEUS A CAPACITARÁ PARA TER UMA *vida de oração* MAIS VIGOROSA.

DIA 12

Peça um *milagre*

LEIA ATOS 12.1-11 E REFLITA

O SENHOR ENVIOU SEU ANJO PARA ME SALVAR DAQUILO QUE HERODES E OS JUDEUS PLANEJAVAM ME FAZER!

ATOS 12.11

Durante a prisão de Pedro, "a igreja orava fervorosamente a Deus por ele" (At 12.5). Enquanto o apóstolo, preso com duas correntes, cochilava entre dois soldados, e sentinelas montavam guarda à entrada do cárcere, "um anjo do Senhor apareceu. Tocou no lado de Pedro para acordá-lo e disse: 'Depressa! Levante-se!', e as correntes caíram dos pulsos de Pedro" (At 12.7). O anjo o instruiu a segui-lo. Passaram pelos guardas e o portão se abriu para eles. Pedro se dirigiu à casa onde os cristãos continuavam a orar e, ao bater à porta, eles não creram que se tratava do apóstolo. Foi um milagre muito maior do que poderiam ter imaginado.

As orações fervorosas e incessantes dos cristãos, sob a direção do Espírito Santo, permitiram a libertação miraculosa de Pedro. Você nunca sabe como suas orações poderão libertar uma pessoa que está presa.

Deus quer fazer milagres por nosso intermédio. O problema é que muitas vezes não oramos por milagres, não cremos que possam acontecer. Ou então, quando milagres acontecem, não conseguimos acreditar neles.

Quando Deus puser em seu coração o desejo de orar por algo, não duvide. Simplesmente peça um milagre e deixe o resto nas mãos de Deus.

Senhor, como são grandes e extraordinárias as obras que realizas em favor de teu povo! Quando me guiares a orar por milagres, fortalece minha fé para que eu veja tua mão agir com poder.

QUANDO DEUS PUSER EM SEU CORAÇÃO O DESEJO DE ORAR POR ALGO, *não duvide*. SIMPLESMENTE PEÇA UM MILAGRE E DEIXE O RESTO NAS MÃOS DE DEUS.

DIA 13

Súplicas e *contentamento*

LEIA LAMENTAÇÕES 3.55-57 E REFLITA

TU ME OUVISTE QUANDO CLAMEI: "OUVE MINHA SÚPLICA! ESCUTA MEU CLAMOR POR SOCORRO!".
LAMENTAÇÕES 3.56

Suplicar é mais que simplesmente pedir algo a Deus. É orar até que o fardo que carregamos no coração seja transferido para Deus. Ao entregar-lhe nossas preocupações, experimentamos o tipo de paz que leva embora todo descontentamento.

Deus quer que você esteja satisfeita, independentemente de sua situação. Isso não significa que você terá de permanecer nessa condição para sempre. Significa que você confia que Deus não a deixará nessa condição para sempre. Com Deus, as coisas estão sempre mudando em sua vida.

O Senhor quer nos conduzir numa jornada diária com ele, mas muitas vezes queremos que tudo nos seja concedido de imediato. Deus deseja fazer muitas coisas em nossa vida, mas para chegar aonde nos quer levar precisamos andar com ele, passo a passo, numa caminhada de fé. Queremos tudo agora, em vez de estar satisfeitos com o lugar onde estamos e com aquilo que temos no momento, sabendo que Deus nos reserva mais do que podemos imaginar.

Deus quer que você se torne cada vez mais dependente dele, a fim de levá-la a lugares que você não pode chegar sem ele. Ele deseja que você confie que ele suprirá todas as necessidades de sua situação atual. Quer desenvolver em seu coração o verdadeiro contentamento, que lhe dá paz e alegria.

Deus de amor, aceita minhas súplicas sinceras quando eu depositar sobre ti todos os meus fardos. Guia-me ao contentamento de saber que tu me ouves e atendes.

SUPLICAR É MAIS QUE SIMPLESMENTE PEDIR ALGO A DEUS. É ORAR ATÉ QUE O FARDO QUE CARREGAMOS NO CORAÇÃO SEJA TRANSFERIDO PARA DEUS. AO ENTREGAR-LHE NOSSAS *preocupações*, EXPERIMENTAMOS O TIPO DE *paz* QUE LEVA EMBORA TODO DESCONTENTAMENTO.

DIA 14

Vigiar *e orar*

LEIA MATEUS 26.36-46 E REFLITA

> VIGIEM E OREM PARA QUE NÃO CEDAM À TENTAÇÃO, POIS O ESPÍRITO ESTÁ DISPOSTO, MAS A CARNE É FRACA.
>
> MATEUS 26.41

Mesmo que em nosso espírito tenhamos o forte desejo de fazer a coisa certa, aquilo que agrada a Deus, se não formos guiados pelo Espírito Santo todos os dias e fortalecidos por ele, acabaremos, mais cedo ou mais tarde, cedendo a nossa natureza fraca e pecaminosa.

Uma parte da oração que Jesus ensinou diz: "E não nos deixes cair em tentação" (Lc 11.4). Isso não significa que Deus colocará tentações em nosso caminho a menos que oremos pedindo-lhe que não o faça. Jesus está dizendo que Deus sabe onde o inimigo armou ou deseja armar uma cilada de tentação para nós, e que estamos orando para que ele nos afaste dessa armadilha. Não temos ideia de quão importante e profunda é essa oração para nossa vida.

Vigiar é estar consciente de que os ataques do inimigo são reais e podem assumir formas difíceis de identificar. Orar é estar consciente de que jamais seremos capazes de resistir a esses ataques por nossa própria astúcia e nosso próprio poder. Depende inteiramente de Deus para obter vitória, mesmo em coisas que parecem ter pouca importância. Deus conhece o futuro e as implicações de nossas escolhas, por isso precisamos da direção dele.

Senhor, quando me vires caminhar para uma armadilha do inimigo, afasta-me dela e guia-me na direção correta. Ajuda-me a permanecer vigilante, orando sem cessar, confiante em teu poder.

Vigiar É ESTAR CONSCIENTE DE QUE OS ATAQUES DO INIMIGO SÃO REAIS E PODEM ASSUMIR FORMAS DIFÍCEIS DE IDENTIFICAR. Orar É ESTAR CONSCIENTE DE QUE JAMAIS SEREMOS CAPAZES DE RESISTIR A ESSES ATAQUES POR NOSSA PRÓPRIA ASTÚCIA E NOSSO PRÓPRIO PODER.

DIA 15

Honestidade *ao orar*

LEIA SALMOS 116.1-10 E REFLITA

EU CRI, POR ISSO DISSE: "ESTOU PROFUNDAMENTE AFLITO!".

SALMOS 116.10

Algumas pessoas acreditam que é falta de fé mencionar qualquer coisa negativa. Segundo elas, não podemos dizer: "Estou doente", "Estou com medo" ou "Estou triste", pois seria como nos dar por vencidos. Mas, se não falarmos a verdade em oração, não daremos a Deus a chance de responder. É melhor orar: "Senhor, isto é o que está acontecendo comigo, e isto é o que desejo ver acontecer nessa situação, mas, acima de tudo, quero o que tu desejas".

Tive amigos enfermos que não quiseram pedir oração para não falar de sua enfermidade. Devemos lembrar, porém, que a cura é um ato de misericórdia de Deus. Não é algo que fazemos acontecer por causa de nossa grande fé. Deus decide quem curar. Devemos deixar que Deus seja Deus, e parar de tentar fazer as coisas acontecerem sem o poder divino.

A vontade de Deus não gira apenas em torno de nós. Há coisas que ele almeja fazer neste mundo, e ele quer usar cada um de nós como instrumento de sua vontade. Deus não necessita de nós. Pode agir sozinho, mas escolhe trabalhar em parceria conosco para realizar seus planos na terra. Não poderemos cumprir nosso chamado se não formos honestos em nosso relacionamento com Deus, deixando que seu poder opere em nós e por nosso intermédio.

Senhor, conheces minhas lutas, dificuldades e limitações. Quero ser honesta em minhas orações, a fim de dar espaço para agires. Quero ver teus planos se cumprirem em minha vida e no mundo.

NÃO PODEREMOS CUMPRIR NOSSO *chamado* SE NÃO FORMOS HONESTOS EM NOSSO RELACIONAMENTO COM DEUS, DEIXANDO QUE SEU *poder* OPERE EM NÓS E POR NOSSO INTERMÉDIO.

DIA 16

Maravilhosas *revelações*

LEIA JEREMIAS 33.1-9 E REFLITA

PERGUNTE-ME E EU LHE CONTAREI COISAS MARAVILHOSAS, SEGREDOS QUE VOCÊ NÃO SABE, A RESPEITO DO QUE ESTÁ POR VIR.

JEREMIAS 33.3

Deus disse a Jeremias que, se ele clamasse, receberia a revelação de coisas grandiosas, insondáveis e desconhecidas pelo profeta (Jr 33.3). Deus nos diz o mesmo hoje. Todos nós podemos clamar a Deus e pedir que nos revele a realidade de seu ponto de vista. Ele nos dará o conhecimento que só é possível por meio de sua revelação. Devemos ter esse tipo de entendimento para obter vitória na batalha espiritual e em nossa vida. Sem a revelação do Senhor, não temos como orar com o poder e a eficácia de que precisamos.

Nossas orações podem salvar inúmeras pessoas de sofrimentos e tragédias, incluindo a nós mesmos e a nossa família. Elas podem salvar vidas que seriam destruídas ou impedir que coisas terríveis planejadas pelo inimigo aconteçam. Se pudesse impedir que pessoas boas passassem por sofrimentos horríveis, você não oraria sobre isso? É claro que sim!

Suas orações são vitais. Toda oração pode salvar, mudar, poupar ou resgatar vidas. Peça a Deus que lhe revele, um dia de cada vez, as coisas maravilhosas que ele deseja realizar por meio de suas orações.

Senhor, creio no teu poder para realizar grandes coisas por intermédio de nossas orações. Necessito de revelação diária para orar conforme tua vontade, com capacitação e força oriundas de teu Espírito. Peço que me mantenhas atenta para aquilo que desejas me mostrar e para os assuntos sobre os quais devo interceder.

SEM A *revelação* DO SENHOR, NÃO TEMOS COMO ORAR COM O *poder* E A EFICÁCIA DE QUE PRECISAMOS.

DIA 17

Ore pelos *perversos*

LEIA MATEUS 5.38-42 E REFLITA

> EU, PORÉM, LHES DIGO QUE NÃO SE OPONHAM AO PERVERSO. SE ALGUÉM LHE DER UM TAPA NA FACE DIREITA, OFEREÇA TAMBÉM A OUTRA. [...] SE ALGUÉM O FORÇAR A CAMINHAR UMA MILHA COM ELE, CAMINHE DUAS.
>
> MATEUS 5.39,41

Quem é capaz de agir desse modo?

Não temos de convidar os perversos para entrar em nossa casa nem permitir que tenham acesso a nossos filhos, mas podemos orar para que conheçam a verdade da Palavra e tenham um encontro com Deus. O simples fato de orar para que uma pessoa perversa venha a conhecer o Senhor é um grande passo de amor para a maioria de nós. Há os que recebem o chamado para ministrar a pessoas perigosas, e Deus os capacita a realizar essa missão. Preste atenção ao que o Espírito Santo diz a respeito de seu chamado, e não dê um passo sequer nessa direção sem ouvir a clara orientação divina e receber a confirmação de líderes confiáveis.

Se você é cristã e ama a Deus, como pode viver entre aqueles que arrogantemente desprezam o Senhor e seus caminhos? A resposta é: mostrando amor por eles. Quando você os ama, eles ficam desarmados. O amor vindo de você — que se origina do amor de Deus em seu coração — tem poder tal que nem mesmo os incrédulos mais ferrenhos conseguem negar.

Provavelmente nunca saberemos o bem que fizemos ao orar pelos perversos. Mas não importa: Deus sabe.

—

Senhor, preciso de tua graça imensurável para orar por aqueles que praticam o mal. Mostra-me como devo amá-los de modo a refletir teu amor por eles.

O amor VINDO DE VOCÊ — QUE SE ORIGINA DO AMOR DE Deus EM SEU CORAÇÃO — TEM PODER TAL QUE NEM MESMO OS INCRÉDULOS MAIS FERRENHOS CONSEGUEM NEGAR.

DIA 18 # A eficácia *da oração*

LEIA TIAGO 5.13-18 E REFLITA

ALGUM DE VOCÊS ESTÁ PASSANDO POR DIFICULDADES? ENTÃO ORE. [...]
A ORAÇÃO DE UM JUSTO TEM GRANDE PODER E PRODUZ GRANDES RESULTADOS.

TIAGO 5.13,16

Essas palavras são de Tiago, um dos irmãos de Jesus, e não poderiam ser mais claras. Precisamos orar.

Tiago também disse a respeito da oração: "Quando pedem, não recebem pois seus motivos são errados; pedem apenas o que lhes dará prazer" (Tg 4.3). Embora Deus se agrade de ouvir quando lhe apresentamos nossas necessidades e nossos desejos, a oração é mais que pedir coisas que queremos. Ela é, antes de tudo, o meio de nos aproximarmos de Deus, de passar tempo com ele e ouvi-lo. É dessa maneira que o conhecemos melhor e lhe demonstramos nosso amor. É esperar aos pés do Senhor, para encontrar liberdade e cura em sua presença. A oração é a maneira de reconhecer nossa dependência de Deus e nossa gratidão por seu poder em nossa vida.

Já experimentei incontáveis respostas a orações por meu casamento, meus filhos, por questões de saúde, emocionais, psicológicas, profissionais e muitas outras. Já vi respostas a orações que, na época, nem sabia que eram possíveis. Tenho certeza de que Deus responde às orações, e quero que você saiba disso também. Essa convicção é crucial para todos os aspectos de sua vida. Creia na eficácia da oração e no poder do Deus para quem você ora.

Querido Senhor, ensina-me a orar a respeito de todas as coisas. Ajuda-me a pedir com sabedoria, conforme teus propósitos, e a confiar em tuas respostas. Muito obrigada porque ouves e atendes.

ORAR É ESPERAR AOS PÉS DO SENHOR, PARA ENCONTRAR LIBERDADE E CURA EM SUA PRESENÇA. É A MANEIRA DE RECONHECER NOSSA *dependência* DE DEUS E NOSSA *gratidão* POR SEU PODER EM NOSSA VIDA.

DIA 19

Ore por *seu país*

LEIA 2CRÔNICAS 7.12-16 E REFLITA

SE MEU POVO, QUE SE CHAMA PELO MEU NOME,
HUMILHAR-SE E ORAR, BUSCAR MINHA PRESENÇA
E AFASTAR-SE DE SEUS MAUS CAMINHOS,
EU OS OUVIREI DOS CÉUS, PERDOAREI SEUS
PECADOS E RESTAURAREI SUA TERRA.

2CRÔNICAS 7.14

Orar pelo país deveria ser uma de nossas prioridades. O pecado em nossa terra convida o juízo divino. Deus tem sido removido de tudo — de escolas, prédios públicos e até da decoração de Natal. Deus é zombado, Jesus é diminuído, e os cristãos são desprezados por pessoas hostis ao evangelho.

Nós, o povo de Deus, somos chamados a nos humilhar e orar. Estamos na situação atual porque as pessoas não oraram. Sim, muitos certamente oraram, e graças a Deus que o fizeram, ou não teríamos as bênçãos que temos hoje. Mas as coisas ficarão muito piores se a igreja não acordar para o chamado de Deus de interceder por seu país.

É de esperar que aconteçam calamidades em nossa terra quando há pecado desenfreado e idolatria. Quando as pessoas adoram ídolos, Deus diz: "Vão e clamem aos deuses que vocês escolheram! Que eles os livrem neste momento de angústia!" (Jz 10.14). Ele ainda não fez isso porque é cheio de graça e misericórdia, paciente e tardio em irar-se. E ele continua a responder às súplicas daqueles que estão orando por sua nação.

Senhor, tem misericórdia de nosso país. Há tanta idolatria, cobiça, corrupção e maldade por toda parte. Dá-me ânimo para orar e mostra-me como tens agido com bondade e nos poupado de coisas ainda piores. Fala ao coração de nossos governantes e dirige-os aos teus caminhos.

AS COISAS FICARÃO MUITO PIORES SE A *igreja* NÃO ACORDAR PARA O CHAMADO DE DEUS DE *interceder* POR SEU PAÍS.

DIA 20

O caminho *para a união*

LEIA O SALMO 133 E REFLITA

A UNIÃO É PRECIOSA COMO O ÓLEO DA UNÇÃO, QUE ERA DERRAMADO SOBRE A CABEÇA DE ARÃO.

SALMOS 133.2

Algo surpreendente acontece em nosso coração quando oramos por alguém. A rigidez se desfaz. Tornamo-nos capazes de superar as mágoas e perdoar. Chegamos até a amar a pessoa por quem oramos. É miraculoso! Isso acontece porque, quando oramos, entramos na presença de Deus e ele nos enche com seu Espírito de amor.

Quando você ora por alguém que faz parte de sua vida, o amor de Deus por essa pessoa cresce em seu coração. Por isso a oração é a linguagem suprema do amor. Ela consegue comunicar-se de uma forma que nós não conseguiríamos.

Falar com Deus sobre outra pessoa é um ato de amor. A oração dá lugar ao amor, que gera mais oração, que por sua vez dá lugar a mais amor. Mesmo que sua oração não seja feita por motivos completamente generosos, eles se tornarão menos egoístas à medida que a oração continuar. Você perceberá que suas reações serão mais amorosas.

A oração promove união mesmo quando não oramos junto com a outra pessoa. Vi situações de grande tensão desaparecerem entre mim e outras pessoas quando orei por elas. Além disso, perguntar a alguém "como posso orar por você?" gera um clima de amor e cuidado.

Todas nós queremos amor e união em nossa vida. Para que desfrutemos essas bênçãos, precisamos orar.

Tu sabes, Senhor, de minha dificuldade de orar por algumas pessoas. Preciso de tua ajuda para interceder por elas e colher os bons frutos da união.

PERGUNTAR A ALGUÉM "COMO POSSO ORAR POR VOCÊ?" GERA UM CLIMA DE *amor* E *cuidado*.

DIA 21

Orar com *autoridade*

LEIA 2CORÍNTIOS 3.1-6 E REFLITA

NÃO QUE NOS CONSIDEREMOS CAPAZES DE FAZER QUALQUER COISA POR CONTA PRÓPRIA; NOSSA CAPACITAÇÃO VEM DE DEUS.

2CORÍNTIOS 3.5

O alicerce de sua autoridade em oração reside no fato de você ter aceitado o sacrifício de Cristo e de o Espírito Santo habitar em seu coração. Quando sua oração é guiada pelo Espírito, segundo a vontade de Deus, ela é verdadeiramente eficaz, não porque você disse as palavras "certas" ou orou por determinado número de horas ou em determinada postura, mas porque recebeu auxílio do Espírito para fazer suas petições a Deus.

Isso alivia a pressão, pois não depende de nós. Depende do Senhor. Nunca depende de nós. Tudo que temos, inclusive nossa capacidade de orar com poder, vem de Deus. Basta orar conforme a direção do Espírito e deixar o resto ao encargo dele.

Devemos examinar e provar-nos para conferir se estamos firmes na fé: "Examinem a si mesmos. Verifiquem se estão praticando o que afirmam crer" (2Co 13.5). A Palavra em nosso coração e o Espírito Santo em nossa vida nos ajudam a viver nos caminhos de Deus. Pertencemos a Cristo e, portanto, podemos entrar na presença de Deus e orar em nome de Jesus, e o Pai sempre reconhecerá nossa autoridade por meio da oração, pois somos seus filhos.

Que presente maravilhoso, Senhor, poder me dirigir a ti diretamente, sem intermediários, e orar com a autoridade que concedes! Peço que teu Espírito guie minhas petições e me ajude a expressar a gratidão, o louvor e a adoração dos quais somente tu és digno.

PERTENCEMOS A CRISTO E, PORTANTO, PODEMOS ENTRAR NA PRESENÇA DE DEUS E ORAR EM NOME DE JESUS, E O PAI SEMPRE RECONHECERÁ NOSSA AUTORIDADE POR MEIO DA ORAÇÃO, POIS somos seus filhos.

DIA 22

Comece bem *o seu dia*

LEIA 1TESSALONICENSES 5.15-22 E REFLITA

ESTEJAM SEMPRE ALEGRES. NUNCA DEIXEM DE ORAR. SEJAM GRATOS EM TODAS AS CIRCUNSTÂNCIAS, POIS ESSA É A VONTADE DE DEUS PARA VOCÊS EM CRISTO JESUS.

1TESSALONICENSES 5.16-18

Não comece o dia nem o deixe passar sem orar. Dito isso, não se sinta culpado quando não conseguir orar por um ou dois dias. A condenação e a culpa são armadilhas do inimigo. Peça a Deus que o ajude a passar tempo com ele todos os dias em oração.

O inimigo é descrito como um leão que anda ao redor, rugindo e procurando a quem devorar (1Pe 5.8). Precisamos estar alertas o tempo todo. Também precisamos lembrar que Deus cuida de nós mesmo nos dias que não conseguimos orar. O importante é que, no balanço geral, estejamos firmes em tudo que sabemos do Senhor e de sua Palavra.

Comece o dia aproximando-se de Deus e sujeitando-se a ele. Esteja sempre pronta a ouvi-lo falar ao seu coração, a obedecer-lhe em todas as coisas e a orar de acordo com a direção do Espírito. Desse modo, seu coração nunca estará fechado para ele e você estará preparada para seguir as ordens do Senhor.

A cada manhã, agradeça a Deus por suas muitas dádivas, apresentando suas necessidades, intercedendo por outros, louvando e adorando. Seu dia terá outro tom!

Senhor, quero começar todos os meus dias em tua companhia, tendo comunhão contigo em quietude, preparando-me para os desafios que virão. Dá-me disposição e constância para que esses momentos se tornem parte da rotina.

COMECE O DIA APROXIMANDO-SE DE DEUS E SUJEITANDO-SE A ELE. ESTEJA SEMPRE PRONTO A *ouvi-lo* FALAR AO SEU CORAÇÃO, A *obedecer-lhe* EM TODAS AS COISAS E A ORAR DE ACORDO COM A DIREÇÃO DO ESPÍRITO.

DIA 23

Compromisso *de orar*

LEIA EFÉSIOS 6.18-20 E REFLITA

OREM NO ESPÍRITO EM TODOS OS MOMENTOS E OCASIÕES. PERMANEÇAM ATENTOS E SEJAM PERSISTENTES EM SUAS ORAÇÕES POR TODO O POVO SANTO.

EFÉSIOS 6.18

Quando uma mulher é convidada a sair com um homem, mas está noiva de outro, ela simplesmente responde: "Sou comprometida". Só precisa dizer isso. A mensagem é clara: já assumiu um compromisso com alguém e não está interessada em mais ninguém.

Quando você se compromete com o Senhor, promete amar e servir apenas a ele. Se outras coisas exigirem demais de seu tempo e atenção, é preciso responder: "Já sou comprometida com meu Senhor. Quero passar tempo com ele".

O compromisso com o Senhor transforma nossa vida da melhor forma possível. A proximidade com Deus nos dá maior sensibilidade a respeito da vontade do Senhor sobre todas as questões. Estar comprometida com o Senhor é encontrar-se com ele todas as manhãs e dizer que o amamos, o adoramos e queremos servi-lo conforme o desejo dele.

Pode orar sozinha ou com uma ou mais pessoas. A união dos cristãos em oração tem poder por causa da presença de Jesus e da garantia de resposta à oração.

Quando oramos com outra pessoa, o Espírito Santo em nós se conecta com o Espírito Santo nela, o que torna nossas orações ainda mais poderosas e eficazes.

Busco teu auxílio, Senhor, para levar a sério o compromisso contigo. Obrigada porque não preciso contar apenas com minhas forças e autodisciplina. Dependo da ação de teu Espírito para manter-me firme nas orações em meus momentos devocionais e com outras pessoas.

ESTAR COMPROMETIDO COM O SENHOR É ENCONTRAR--SE COM ELE TODAS AS MANHÃS E DIZER QUE O AMAMOS, O ADORAMOS E *queremos servi-lo* CONFORME O DESEJO DELE.

DIA 24

A prática *da oração*

LEIA LUCAS 11.1-12 E REFLITA

> PAI, SANTIFICADO SEJA O TEU NOME. VENHA O TEU REINO. DÁ-NOS HOJE O PÃO PARA ESTE DIA, E PERDOA NOSSOS PECADOS, ASSIM COMO PERDOAMOS AQUELES QUE PECAM CONTRA NÓS. E NÃO NOS DEIXES CAIR EM TENTAÇÃO.
>
> LUCAS 11.2-4

O caminho para aprender a orar é praticar. Na oração do Pai-nosso, Jesus nos ensinou a orar por nossas necessidades. Ele nunca disse que você não deveria orar por suas necessidades, mas sim que Deus sabe do que você precisa, portanto não há motivo para se preocupar com essas coisas. Não se preocupar com algo não quer dizer não orar a respeito do assunto. Quer dizer orar e confiar que o Senhor responderá do jeito dele, no tempo dele. Comece com suas necessidades pessoais. Em seguida, ore pelas pessoas ao seu redor, por sua comunidade e pelo mundo. Peça a Deus que lhe mostre quais são as necessidades verdadeiras.

Pode ser que alguém de sua família ou um amigo compartilhe com você questões difíceis ou mesmo trágicas. Esse é o momento de sair de sua área de conforto e interceder fervorosamente.

Não deixe passar nenhuma oportunidade de orar por outros e com outros. Todos precisam de oração, e ninguém se importará se você é eloquente ou não. As orações sinceras muitas vezes são simples, feitas mais com o coração que com palavras bonitas.

Senhor, ensina-me a orar com humildade, sem me preocupar em impressionar ninguém com palavras bonitas. Muito obrigada porque posso não apenas te apresentar minhas necessidades, mas também ser uma intercessora em favor de outros.

AS ORAÇÕES *sinceras* MUITAS VEZES SÃO *simples*, FEITAS MAIS COM O CORAÇÃO QUE COM PALAVRAS BONITAS.

DIA 25

Generosidade *nas orações*

LEIA 2CORÍNTIOS 9.6-10 E REFLITA

QUEM LANÇA APENAS ALGUMAS SEMENTES OBTÉM UMA COLHEITA PEQUENA, MAS QUEM SEMEIA COM FARTURA OBTÉM UMA COLHEITA FARTA.

2CORÍNTIOS 9.6

Você nunca saberá exatamente o bem que resultou de suas orações, mas Deus sabe. Por exemplo, se você orar (como eu orei) por uma jovem vítima do tráfico sexual, não saberá como suas orações afetarão a situação dela. Talvez ela consiga fugir ou ser resgatada por causa de suas orações. Se você acredita que mais pessoas precisam orar com você sobre algo, peça a Deus que desperte o coração de outros guerreiros e guerreiras de oração a fim de que ouçam o chamado para orar a respeito daquela mesma situação. Deus quer fazer isso. Contudo, mesmo que ninguém mais esteja orando por aquele assunto específico no momento, o Espírito Santo está com você — *em* você — ajudando-a a orar.

Deus vê em seu coração a disposição generosa de orar. Ele fica satisfeito de saber que você tem o coração de uma guerreira de oração. E o mesmo princípio referente à contribuição material pode ser aplicado à sua contribuição para o avanço do reino por meio da intercessão: se você lançar muitas sementes de oração, colherá grandes bênçãos para si, para seus entes queridos e até para desconhecidos. Suas orações generosas serão respondidas por um Deus generoso.

Senhor, ensina-me a orar com generosidade, não apenas por mim e pelas pessoas ao meu redor, mas também por outros que colocares em meu coração. Que minhas intercessões deem muitos frutos para o teu reino.

SE VOCÊ LANÇAR MUITAS SEMENTES DE ORAÇÃO, COLHERÁ GRANDES BÊNÇÃOS PARA SI, PARA SEUS ENTES QUERIDOS E ATÉ PARA DESCONHECIDOS. SUAS ORAÇÕES GENEROSAS SERÃO RESPONDIDAS POR um Deus generoso.

DIA 26

A conexão de *Deus conosco*

LEIA GÊNESIS 1.26–2.7 E REFLITA

ENTÃO O SENHOR DEUS FORMOU O HOMEM DO PÓ DA TERRA. SOPROU O FÔLEGO DA VIDA EM SUAS NARINAS, E O HOMEM SE TORNOU SER VIVO.

GÊNESIS 2.7

Deus criou o universo por meio da palavra. Iniciando do nada o processo de criação, determinou às estrelas e aos planetas que existissem. Com o Espírito Santo e por sua palavra, a criação ocorreu.

Então, Deus se dedicou a fazer o ser humano. Alguns textos bíblicos descrevem-no como "oleiro" e os seres humanos como "barro" (Is 64.8), fazendo-nos pensar no Pai formando figuras de barro conforme o desenho que tinha em mente. O toque final foi soprar em nós o fôlego de vida, e o ato de respirar nos mantém vivos.

Ao soprar-nos fôlego, nos deu também a capacidade de falar. E pela fala podemos nos comunicar. Devemos usar o privilégio do fôlego de vida para falar com nosso Criador. Fomos feitos para nos comunicar com nosso Oleiro. Assim como nos alegramos quando os bebês emitem os primeiros sons, o Pai também se alegra ao ouvir o som das palavras que seus filhos lhe dirigem.

Sussurre uma oração com frequência. Se as palavras não lhe vierem à mente logo, comece expressando uma palavra de agradecimento. Pronuncie devagar essa palavra e, então, acrescente "por...", até que diferentes modos de terminar a sentença comecem a fluir. À medida que o fizer, verá que pode usar o tempo de inspiração para refletir sobre as palavras seguintes, e o de expiração para expressar seu agradecimento. Conceder-nos o "fôlego de vida" é a conexão de Deus conosco. Orar é nossa conexão com ele.

Senhor, eu te agradeço pelo sopro da vida. Assim como falaste e trouxeste vida ao teu mundo maravilhoso, ajuda-me a usar palavras que tragam vida ao meu pequeno mundo. Sou grata por estar ligada a ti.

DEVEMOS USAR O PRIVILÉGIO DO FÔLEGO DE VIDA PARA FALAR COM NOSSO *Criador*. FOMOS FEITOS PARA NOS COMUNICAR COM NOSSO *Oleiro*.

DIA 27

Uma oração *pelo sucesso*

LEIA GÊNESIS 24.1-27 E REFLITA

> ENTÃO O SERVO OROU: "Ó SENHOR, DEUS DO MEU SENHOR ABRAÃO, POR FAVOR, DÁ-ME SUCESSO HOJE E SÊ BONDOSO COM O MEU SENHOR ABRAÃO".
>
> GÊNESIS 24.12

Quando você tem um trabalho ou uma responsabilidade importante, quer obter sucesso. A melhor maneira de alcançá-lo é ir a Deus e pedir-lhe orientação.

Abraão pedira a seu servo — provavelmente Eliézer, um antigo e leal empregado — que encontrasse a noiva certa para Isaque. Eliézer sentiu o peso da responsabilidade e levou o assunto a Deus, em vez de depender de sua sabedoria ou sorte. Ele pediu um sinal, e, antes que tivesse acabado de orar, Rebeca chegou e lhe ofereceu água. Que extraordinária resposta à oração!

Mas quem era Eliézer? Se voltarmos a Gênesis 15.2-3, descobriremos que ele era não só o servo fiel de Abraão, como também estava a ponto de herdar toda a riqueza de seu senhor. Assim, Eliézer não só perdeu sua posição com o nascimento de Isaque como teve de procurar-lhe uma noiva. Um homem medíocre poderia ficar amargurado por causa do que perdera; poderia ter definido "sucesso" como fazer tudo para voltar ao lugar de honra, a fim de obter a herança. Um homem medíocre talvez não se importasse com o tipo de noiva que levaria a Isaque. Mas não Eliézer. Ele estava decidido a realizar bem seu trabalho, e por isso orou para cumprir a tarefa.

Deus se importa com as minhas e as suas responsabilidades. Ele deseja que obtenhamos sucesso. Não tema pedir-lhe isso. Tenha em mente, porém, que ele pode definir sucesso de modo bem diferente do seu.

Pai celestial, peço sucesso em tudo que eu fizer. Capacita-me a entender a tua medida de sucesso e a não impor minhas próprias ideias. Meu objetivo é te servir, sabendo que o sucesso será alcançado apenas quando eu caminhar de acordo com tua vontade.

ELIÉZER SENTIU O PESO DA *responsabilidade* E LEVOU O ASSUNTO A DEUS, EM VEZ DE DEPENDER DE SUA *sabedoria* OU SORTE.

DIA 28

Lutando *em oração*

LEIA GÊNESIS 32.1-32 E REFLITA

JACÓ FICOU SOZINHO NO ACAMPAMENTO. VEIO ENTÃO UM HOMEM, QUE LUTOU COM ELE ATÉ O AMANHECER. QUANDO O HOMEM VIU QUE NÃO PODERIA VENCER, TOCOU A ARTICULAÇÃO DO QUADRIL DE JACÓ E A DESLOCOU. O HOMEM DISSE: "DEIXE-ME IR, POIS ESTÁ AMANHECENDO!". JACÓ, PORÉM, RESPONDEU: "NÃO O DEIXAREI IR ENQUANTO NÃO ME ABENÇOAR".
GÊNESIS 32.24-26

Muitas vezes, nossos períodos de oração mais se parecem com lutas que com diálogos, embora deles possam surgir transformações surpreendentes.

Até esse encontro com Deus, a vida de Jacó se caracterizara por suas manipulações a fim de que ela "funcionasse" de acordo com seus desejos. Quando o estranho apareceu e lutou com Jacó, este vivia um momento de solidão e temor. Em breve reencontraria o irmão, Esaú, que tinha o direito de odiá-lo. Jacó desconhecia os planos do irmão.

Durante a luta com Deus (Gn 32.30), Jacó disse o próprio nome — o equivalente a uma confissão, porque seu nome significava "usurpador". A confissão levou à transformação. Jacó recebeu a bênção: um novo nome e um novo futuro. Ele também recebeu um ferimento — uma lembrança permanente do que acontecera.

Se quiser experimentar a oração transformadora, seja sincera com Deus. Diga: "Senhor, tenho sido medrosa". E então acrescente: "Ajuda-me a ir além do que sou para tornar-me quem tu me chamaste a ser".

Apesar do passado de Jacó, os planos de Deus prevaleceram. Não tema lutar em oração, pois Deus usará as medidas necessárias para executar os planos dele. Como Jacó, fique firme e não desista da bênção que a transformará para sempre.

Senhor, desejo te conhecer melhor, de modo que possa experimentar todas as tuas bênçãos. Não oro tanto quanto gostaria, e passo por momentos de dúvida, mas desejo confiar sempre em ti, porque sei que encontrarei transformação na tua presença.

SE QUISER EXPERIMENTAR A *oração transformadora*, SEJA SINCERA COM DEUS, E ELE USARÁ AS MEDIDAS NECESSÁRIAS PARA EXECUTAR OS PLANOS DELE.

DIA 29

Ore por *seus filhos*

LEIA GÊNESIS 48.1-22 E REFLITA

E ABENÇOOU A JOSÉ, DIZENDO: "QUE O DEUS, A QUEM SERVIRAM MEUS PAIS ABRAÃO E ISAQUE, O DEUS QUE TEM SIDO O MEU PASTOR EM TODA A MINHA VIDA ATÉ O DIA DE HOJE, O ANJO QUE ME REDIMIU DE TODO O MAL, ABENÇOE ESTES MENINOS. SEJAM ELES CHAMADOS PELO MEU NOME E PELOS NOMES DE MEUS PAIS ABRAÃO E ISAQUE, E CRESÇAM MUITO NA TERRA".

GÊNESIS 48.15-16

Se você tem filhos, Deus lhe deu autoridade para orar por eles. Você os conhece melhor que qualquer outra pessoa. Conhece suas esperanças, seus temores, suas preocupações, suas inseguranças, seus sonhos, seus talentos e suas habilidades.

Deus lhe confiou não só o cuidado das necessidades de seus filhos, como também lhe deu um meio de abençoá-los: a oração. A coisa mais importante que você pode fazer como mãe é orar diariamente para que a proteção, a orientação, a sabedoria e o amor divino sejam infundidos na vida deles. Embora você não possa estar a cada momento com eles, Deus pode.

Ao interceder por seus filhos, peça que Deus lhes dê discernimento nas escolhas que tiverem de fazer. Ore para que o Senhor os proteja das armadilhas do inimigo e que rejeitem o mal. Ore para que gostem de aprender e para que descubram os dons e as habilidades que Deus lhes concedeu. Ore para que a vida deles traga glória a Deus e esperança e cura para os que os cercam.

A oração é o melhor presente que você pode dar a seus filhos. Eles prosperarão sob os cuidados e o poder de pais que oram.

Pai, ensina-me a orar por meus filhos.
Abençoa-os com o conhecimento de quem tu és e ajuda-os a viverem de acordo com teus preceitos. Capacita-os a reconhecerem os dons e os talentos que lhes deste e a seguir a tua orientação à medida que os desenvolvem e os usam para tua glória.

DEUS LHE CONFIOU NÃO SÓ O *cuidado* DAS NECESSIDADES DE SEUS FILHOS, COMO TAMBÉM LHE DEU UM MEIO DE ABENÇOÁ-LOS: A *oração*.

DIA 30 Clame a Deus

LEIA ÊXODO 1.1-14; 2.23-25 E REFLITA

DEPOIS DE MUITOS ANOS, O REI DO EGITO MORREU. OS ISRAELITAS, PORÉM, CONTINUAVAM A GEMER SOB O PESO DA ESCRAVIDÃO. CLAMARAM POR SOCORRO, E SEU CLAMOR SUBIU ATÉ DEUS.

ÊXODO 2.23

Alguma vez você se sentiu como os israelitas nessa passagem? É possível que tenha suportado um longo período de clamores por livramento. Pode estar agora mesmo em uma situação difícil, sem meios aparentes de saída. Quem sabe você ou alguém a quem ama esteja sofrendo, o que a leva a perguntar-se se Deus pode ouvir seus pedidos de ajuda.

Quando os israelitas clamaram, Deus não só os ouviu como fez muito além de apenas aliviá-los. Ele os livrou completamente. Mas as coisas aconteceram à maneira de Deus. A primeira tentativa de livrar o povo pareceu falhar, porque os egípcios acabaram dando a Israel mais trabalho. Mesmo quando Moisés e Arão realizaram milagres, o faraó endureceu o coração. As circunstâncias pareciam mais desesperadoras que nunca. Entretanto, é em meio a situações sombrias que Deus realiza sua maior obra. Embora os filhos de Israel permanecessem escravos quase quatrocentos anos, Deus os ouviu e olhou para eles.

Ele fará o mesmo por você. Ao clamar a Deus, suas orações chegam ao coração dele. Lembre-se apenas de que a libertação pode ser um processo rápido ou gradativo, dependendo do que Deus queira ensinar-lhe.

Seja paciente e continue a orar. Nunca deixe de crer que o Senhor é um Deus de milagres.

Senhor, clamo pedindo libertação de tudo que me impeça de ser aquilo que desejas. Liberta-me do que me separa de ti. Sei que, mesmo em meio a uma situação que parece desesperadora, podes realizar a obra mais maravilhosa. Obrigada porque és um Deus de milagres.

É EM MEIO A SITUAÇÕES SOMBRIAS QUE DEUS REALIZA SUA MAIOR OBRA. AO *clamar* A DEUS, SUAS ORAÇÕES CHEGAM AO *coração* DELE.

DIA 31

Ore em favor *de outros*

LEIA ÊXODO 8.8-11,28-29; 9.27-30; 10.16-19 E REFLITA

Sem demora, o faraó mandou chamar Moisés e Arão e lhes disse: "Pequei contra o Senhor, seu Deus, e contra vocês. Perdoem meu pecado apenas mais esta vez e supliquem ao Senhor, seu Deus, que ele me livre desta morte".

Êxodo 10.16-17

Você já tentou compartilhar sua fé com um amigo incrédulo, e ele mostrou desinteresse ou franca hostilidade? As pessoas podem rejeitar sua preocupação e ignorar a própria necessidade de um Salvador. No entanto, em momentos de crise, lhe permitirão orar por elas. Talvez até procurem você para pedir oração, sabendo que você tem uma "linha direta" com o céu.

Orar torna-se difícil quando se trata daqueles que nos prejudicaram. No Sermão do Monte, Jesus instruiu seus seguidores a desconsiderarem a sabedoria da época com relação aos inimigos e a praticarem, em vez disso, o amor por meio da intercessão. "Vocês ouviram o que foi dito: 'Ame o seu próximo' e odeie o seu inimigo. Eu, porém, lhes digo: amem os seus inimigos e orem por quem os persegue" (Mt 5.43-44).

O faraó colocou toda sua fé na habilidade dos sábios, feiticeiros e mágicos de usarem as artes secretas para realizar milagres. Mas, quando as pragas provaram ser "o dedo de Deus", o faraó pediu ajuda a Moisés, o único homem que ele sabia ser realmente capaz de interceder.

Pela observação de sua vida, os incrédulos deveriam poder dizer que você é uma pessoa de quem eles podem depender quando necessitam de oração junto àquele que pode de fato fazer diferença.

Deus, ajuda-me a aprender a orar com poder. Aumenta minha fé para esperar as respostas a minhas orações. Oro para que todos ao meu redor sejam capazes de reconhecer, por minha vida, que sou uma pessoa de grande fé e poder em oração, e que elas possam confiar no Deus a quem oro.

AS PESSOAS PODEM REJEITAR SUA PREOCUPAÇÃO COM ELAS E IGNORAR A PRÓPRIA *necessidade de um Salvador*. NO ENTANTO, EM MOMENTOS DE CRISE, LHE PERMITIRÃO ORAR POR ELAS.

DIA 32

Pare de orar *e marche*

LEIA ÊXODO 14 E REFLITA

ENTÃO O SENHOR DISSE A MOISÉS:
"POR QUE VOCÊ ESTÁ CLAMANDO A MIM?
DIGA AO POVO QUE MARCHE!".
ÊXODO 14.15

Várias passagens das Escrituras mencionam a importância de clamar ao Senhor na angústia. Em Lamentações 2.19, lemos: "Levantem-se no meio da noite e clamem, derramem como água o coração diante do SENHOR". Chega um momento, no entanto, quando finda o tempo de clamar, e a instrução é agir.

Foi o que Deus disse a Moisés. Os israelitas não precisavam se preocupar com os detalhes. Ele ajudaria seu povo obstruindo a visão dos egípcios. Iluminaria os israelitas. Faria o vento expor o fundo do mar. O povo já não precisava orar; precisava marchar.

Talvez os israelitas pensassem: "Não pode ser! É perigoso demais! Como ter certeza de que conseguiremos? Vamos continuar orando".

A oração, às vezes, é desculpa para a inércia. A missionária Amy Carmichael escreveu alguns versos para ilustrar a importância de agir depois de termos orado sobre um assunto:

> Uma centopeia sentia-se feliz até que
> Certo dia um sapo, por brincadeira,
> Perguntou-lhe: "Diga-me, que perna vai depois de qual?".
> Isso estressou de tal forma sua mente
> Que, distraída, caiu em um fosso,
> Perguntando-se como correr.

Quando ouvir Deus dizer que se mova em certa direção, faça-o! Se demorar, pode acabar "distraída em um fosso, perguntando-se como correr". Quando o caminho for claro, lembre-se da instrução do Senhor para os israelitas: "Marche!".

Pai, ajuda-me a entender quando é o momento de agir. Ajuda-me a reconhecer as respostas às minhas orações. Dá-me o conhecimento da tua vontade, que me faz saber quando é hora de dar um passo de fé.

A ORAÇÃO, ÀS VEZES, É desculpa PARA A inércia.

DIA 33

Indo diretamente *ao Senhor*

LEIA ÊXODO 19.3-8 E REFLITA

MOISÉS VOLTOU DO MONTE, CONVOCOU OS LÍDERES DO POVO E LHES COMUNICOU TUDO QUE O SENHOR HAVIA ORDENADO.

ÊXODO 19.7

Intermediário é alguém que atua como agente entre duas partes: um mediador. Mediar em forma de intercessão era parte do papel de Moisés como líder. Deus especificou-lhe o que transmitir ao povo, e Moisés, por sua vez, levou a Deus a resposta do povo.

Várias religiões ensinam que as pessoas só podem se aproximar de Deus por meio de um mediador. Isso também se aplicava aos israelitas do Antigo Testamento. Profetas como Elias e Eliseu foram escolhidos para falar em nome do Senhor. Os reis não iam à guerra sem consultar um profeta. Essa separação era simbolizada pelo grosso véu que pendia diante do Lugar Santíssimo no tabernáculo (e mais tarde no templo) — uma barreira entre o Deus santo e os seres humanos pecadores que só o sumo sacerdote podia transpor.

Com a crucificação, porém, tudo isso mudou. No momento da morte de Jesus, a cortina do templo rasgou-se (Mc 15.38), indicando que já não havia obstrução entre Deus e a humanidade. Quando entender essa verdade, ela mudará sua vida. Você não precisa de um intermediário humano para levar suas orações ao Pai celestial.

Jesus é seu sumo sacerdote — o único mediador de que você precisa. "Pois há um só Deus e um só Mediador entre Deus e a humanidade: o homem Cristo Jesus. Ele deu sua vida para comprar a liberdade de todos" (1Tm 2.5-6).

Não há nada de errado em pedir a outros que orem por você e com você, mas não hesite em levar suas preocupações diretamente a Deus. Ele está esperando!

Obrigada, Senhor, porque, ao entregares tua vida por mim, o véu foi rasgado e, em teu nome, posso ir diretamente a Deus.

VOCÊ NÃO PRECISA DE UM INTERMEDIÁRIO HUMANO PARA LEVAR SUAS ORAÇÕES AO PAI CELESTIAL. JESUS É O *único mediador* DE QUE VOCÊ PRECISA.

DIA 34

O poder da *intercessão*

LEIA ÊXODO 32.1-14 E REFLITA

Então o Senhor se arrependeu da calamidade terrível que havia ameaçado enviar sobre seu povo.

Êxodo 32.14

A oração pode levar Deus a mudar de ideia? Ele estava zangado com a desobediência, a corrupção e a rebelião do povo, e por isso externou a Moisés sua intenção de destruí-los. Moisés, porém, suplicou-lhe que poupasse o povo que ele milagrosamente tirara do Egito. Êxodo 32.14 diz que o Senhor "se arrependeu", o que significa que decidiu não pôr em prática o que planejara. Moisés fez, de fato, Deus mudar de ideia?

As Escrituras mencionam várias vezes o poder da intercessão: "A oração de um justo tem grande poder e produz grandes resultados" (Tg 5.16). O poder não está em nós, é claro, nem na ordem ou frequência das palavras que pronunciamos. O poder vem apenas de Deus, daquele que nos ouve.

A intercessão tem poder quando se baseia nas promessas de Deus. Você pode orar por outra pessoa, mas, se o pedido não estiver de acordo com essas promessas, a oração será ineficaz. Quando suas orações em favor de outros estiverem de acordo com a Palavra de Deus, ele responderá. Essa é outra boa razão para ler diariamente a Bíblia.

Como fez Moisés, você pode citar a Palavra de Deus em suas orações, mencionando ao Senhor as promessas dele. Você pode ficar "na brecha" diante de Deus (Ez 22.30) e interceder pela vida de outros e por seu país. A intercessão é um privilégio precioso. Quem sabe a diferença que suas orações podem fazer?

Senhor, ajuda-me a ter maior conhecimento de tua Palavra de modo que sempre ore de acordo com a tua vontade. Sei que o poder que tenho em oração é o teu poder trabalhando através de mim. Ajuda-me a fazer diferença na vida de minha família, de meus amigos e vizinhos, quando eu orar.

A *intercessão* TEM *poder* QUANDO SE BASEIA NAS PROMESSAS DE DEUS.

DIA 35

Ore por aqueles que *magoaram você*

LEIA NÚMEROS 12.13 E REFLITA

> ENTÃO MOISÉS CLAMOU AO SENHOR: "Ó DEUS, EU SUPLICO QUE A CURES!".
>
> NÚMEROS 12.13

As duas pessoas que o Senhor mostrara a Moisés para ajudá-lo eram sua irmã, Miriã, e seu irmão, Arão (Mq 6.4). Seria de esperar que fossem seus defensores, porém esses dois familiares, que deveriam ser os mais leais, falavam contra ele. Amigos ou colegas podem magoar-nos, mas, quando a traição surge na própria família, a dor é profunda. Moisés, no entanto, não ficou remoendo a mágoa, em vez disso orou pela irmã.

Deus confrontou Miriã e Arão na tenda do encontro, mas foi sobre Miriã que o castigo caiu. Ela era a mais velha, e Deus a considerou responsável pela divisão disseminada no acampamento. Como resultado, ela foi atacada de lepra, uma moléstia que a obrigaria a separar-se do resto do povo, talvez até o fim da vida. Arão ficou horrorizado ao testemunhar o resultado da desobediência e deslealdade dele e da irmã, e pediu a Moisés que os perdoasse.

Moisés clamou imediatamente ao Senhor pela irmã: "Ó Deus, eu suplico que a cures!". Embora ainda tivesse de enfrentar a consequência de ter desagradado o Senhor, Miriã foi restaurada ao povo depois de sete dias. Deus respondeu à súplica de Moisés em favor daquela que o prejudicara.

Se algum membro de sua família a magoou, peça a Deus que a ajude a perdoar. Ore por essa pessoa, porque a oração tem grande poder para restaurar relacionamentos familiares. Deus ainda considerará esse indivíduo responsável pelos pecados cometidos, mas perdoar e orar em favor dele tem o poder de libertar você de todo sofrimento e de toda amargura.

Senhor, limpa-me de qualquer amargura e ajuda-me a viver na liberdade de um coração perdoador. Não quero experimentar as consequências da falta de perdão.

MOISÉS NÃO FICOU REMOENDO A MÁGOA, EM VEZ DISSO *orou pela irmã.*

DIA 36

Deus está perto *quando oramos*

LEIA DEUTERONÔMIO 4.1-14 E REFLITA

POIS QUE GRANDE NAÇÃO TEM UM DEUS TÃO PRÓXIMO COMO O SENHOR, NOSSO DEUS, ESTÁ PRÓXIMO DE NÓS SEMPRE QUE O INVOCAMOS?

DEUTERONÔMIO 4.7

É confortador saber que, sempre que oramos ao nosso Deus, ele se acha presente entre nós. As verdades que Moisés ensinava aos israelitas ainda se aplicam aos cristãos de hoje. Nosso Deus está vivo, próximo de nós e nos responde. Ele está aqui para ouvir, trazer sabedoria e transformar situações desesperadoras. Ele nos protege e nos guia nos caminhos em que deseja que andemos.

Moisés confirmou aos israelitas sua posição privilegiada como povo de Deus. Lembrou-lhes que não eram como os estrangeiros, cujos deuses não lhes podiam responder. O seu Deus permaneceria com eles constantemente e ouviria as orações quando o chamassem.

O que isso significa para nós? É um indício de que Deus não fica junto de nós a não ser que estejamos orando? Não.

Ele está sempre conosco, assim como estava sempre com os israelitas. Entretanto, quando oramos, somos levados a perceber melhor sua presença e a compreender mais claramente sua natureza. A oração nos lembra quem somos em relação a ele. A oração nos permite ouvi-lo e ser transformados por ele.

Oramos a um Deus vivo, que responde, que nos ama e quer participar de nossa vida. Quando não oramos, perdemos os benefícios de um caminhar mais próximo dele. Achegue-se a Deus em oração neste momento e sinta a presença dele em você e a seu redor.

Senhor, eu te agradeço por estares perto de mim quando oro. Obrigada porque me ouves e me respondes. Agradeço porque, na tua presença, há transformação para minha alma e minha vida. Peço que me ajudes a orar mais a cada dia e que me dês uma fé crescente para acreditar na chegada das respostas.

DEUS ESTÁ *sempre conosco*. ENTRETANTO, QUANDO ORAMOS, SOMOS LEVADOS A PERCEBER MELHOR SUA PRESENÇA E A COMPREENDER MAIS CLARAMENTE SUA NATUREZA.

DIA 37
Orações *intercessórias*

LEIA DEUTERONÔMIO 9.7-29 E REFLITA

TIVE MUITO MEDO POR CAUSA DA IRA ARDENTE DO SENHOR, QUE AMEAÇAVA DESTRUIR VOCÊS. MAIS UMA VEZ, PORÉM, O SENHOR ME OUVIU. O SENHOR ESTAVA TÃO IRADO COM ARÃO QUE TAMBÉM QUERIA DESTRUÍ-LO, MAS EU TAMBÉM OREI EM FAVOR DE ARÃO.

DEUTERONÔMIO 9.19-20

Quando oramos em favor de outros, coisas surpreendentes podem acontecer. As Escrituras comprovam isso, como podemos ler nesses versículos. Moisés relata à nova geração de israelitas a história registrada em Êxodo 32.

Moisés estava com o Senhor, o Deus verdadeiro e fiel, para receber instruções e orientação para os israelitas. Ele permaneceu por um longo período na montanha, de modo que os israelitas ficaram impacientes. Decidiram que precisavam de um ídolo, um bezerro de ouro para adorar, e Arão concordou com o plano. A ira de Deus, então, voltou-se contra o povo. Moisés, porém, intercedeu em seu favor — e de Arão, que sucumbira às exigências do povo, sendo, portanto, o principal responsável — para evitar que Deus os destruísse.

Embora nossa intercessão por outros talvez seja bem menos dramática, a natureza extrema da situação mostra como as orações podem ser poderosas. Podemos orar por cura, encorajamento, orientação, salvação, proteção ou fortalecimento de outros. A reação do Senhor a Moisés revela que ele ouve as orações e as considera importantes. Nossas orações podem causar um impacto poderoso na vida daqueles que nos rodeiam. Reserve tempo para orar por aqueles que o Espírito puser em seu coração e veja o que Deus faz na vida deles.

Deus, ajuda-me a ser um dos teus fiéis e poderosos intercessores. Ajuda-me a não me concentrar em mim mesma e em minha situação a ponto de deixar de orar pelos outros. Mostra-me quem são as pessoas pelas quais preciso orar hoje, e como devo orar por elas.

NOSSAS ORAÇÕES PODEM CAUSAR UM *impacto poderoso* NA VIDA DAQUELES QUE NOS RODEIAM.

DIA 38

Deus está *com você*

LEIA DEUTERONÔMIO 20 E REFLITA

QUANDO SAÍREM PARA LUTAR CONTRA SEUS INIMIGOS E ENFRENTAREM CAVALOS E CARROS E UM EXÉRCITO MAIOR QUE O SEU, NÃO TENHAM MEDO. O SENHOR, SEU DEUS, QUE OS TIROU DA TERRA DO EGITO, ESTÁ COM VOCÊS!

DEUTERONÔMIO 20.1

A oração é uma de nossas armas mais fortes contra o medo. Imagine como os israelitas devem ter-se sentido quando enfrentaram nação após nação em seu caminho para a terra prometida. Deus exigia que confiassem na força dele, e não em seu contingente humano, seu armamento, suas habilidades ou em qualquer outro poder humano. Deus parecia ter prazer em se certificar de que eles fossem mais fracos que as nações que enfrentavam, a fim de que o poder divino pudesse revelar-se nas vitórias do povo. Quando os israelitas depositavam sua fé no Senhor e seguiam suas instruções, o poder de Deus sempre se revelava.

Quais "guerras" você enfrenta neste momento? Quais circunstâncias impossíveis a fazem recuar, temerosa? Leve-as ao Senhor em oração. Pense em todas as situações em que Deus se mostrou fiel. Isso reforçará sua confiança de que ele fará você passar pela próxima batalha, a exemplo das vitórias que já lhe concedeu. Quando os israelitas relembraram seu livramento dramático no Egito e a fidelidade de Deus em relação a eles, renovaram as forças para enfrentar os desafios futuros.

Ore para que Deus lhe abra os olhos para as situações em que ele apoiou você no passado. Enfim, peça que renove a fé em você para enfrentar, sem medo, a próxima batalha.

Deus todo-poderoso, confio que me guiarás por entre os desafios e as batalhas da minha vida. Ajuda-me a nunca me deixar dominar pelo medo diante das circunstâncias que parecem impossíveis. Assim como me ajudaste no passado, sei que continuarás a me ajudar. Eu te louvo pelas grandes coisas que farás e te agradeço porque estás sempre comigo.

QUANDO OS ISRAELITAS DEPOSITAVAM SUA *fé* NO SENHOR E SEGUIAM SUAS INSTRUÇÕES, O *poder* DE DEUS SEMPRE SE REVELAVA.

DIA 39 # Obstáculos *à oração*

LEIA JOSUÉ 7.1-13 E REFLITA

O SENHOR DISSE A JOSUÉ: "LEVANTE-SE! POR QUE VOCÊ ESTÁ PROSTRADO COM O ROSTO NO CHÃO? ISRAEL PECOU E QUEBROU A MINHA ALIANÇA!".

JOSUÉ 7.10-11

Josué pelo menos havia chegado ao lugar certo. Desesperado com a recente derrota da nação pela pequena cidade de Ai, ele e os anciãos de Israel realizaram os rituais de arrependimento e ali permaneceram até a tarde. O Senhor, porém, não ficou impressionado com o choro e a lamentação do povo. "Levante-se!", ordenou Deus. O problema era o pecado. Uma vez encontrado era necessário removê-lo do acampamento e assim o problema seria solucionado. Deus não precisava que Josué se prostrasse naquele momento; queria que ele eliminasse o pecado para que a nação pudesse avançar.

Quando oramos, chegamos ao lugar certo. No entanto, isso é apenas o começo. Como parte de nossa conversa com Deus, "ouviremos" suas palavras nos falarem ao coração. Ele revelará pecados que devemos confessar, atitudes que devemos tomar e mudanças que devemos fazer. Ao ler a Palavra, Deus nos mostrará o que ele deseja que façamos. Embora seja bom persistir em ler, orar e buscar, também precisamos agir, especialmente no que se refere ao pecado.

Quando Deus lhe revelar o pecado, "levante-se", confesse-o e faça as mudanças necessárias. Afinal de contas, você tem mais batalhas à frente e precisa estar preparada.

Senhor, sei que minhas orações não têm efeito se houver em minha vida algum pecado que não tenha confessado e do qual não tenha me arrependido. Revela-me qualquer pecado que eu esteja abrigando, e eu o confessarei. Não permitirei que haja nenhum impedimento a minhas orações e não quero colocar empecilhos a nada do que queiras fazer em minha vida.

QUANDO DEUS LHE *revelar* O *pecado*, "LEVANTE-SE", *confesse*-O E FAÇA AS MUDANÇAS NECESSÁRIAS.

DIA 40

Cuidado com *seus pedidos*

LEIA 1SAMUEL 8 E REFLITA

POR FIM, AS AUTORIDADES DE ISRAEL SE REUNIRAM EM RAMÁ PARA DISCUTIR ESSA QUESTÃO COM SAMUEL. ELES DISSERAM: "OLHE, O SENHOR ESTÁ IDOSO E SEUS FILHOS NÃO SEGUEM SEU EXEMPLO. ESCOLHA UM REI PARA NOS JULGAR, COMO OCORRE COM TODAS AS OUTRAS NAÇÕES".

1SAMUEL 8.4-5

Você talvez consiga lembrar momentos em sua vida em que orou por algo que, em retrospecto, poderia tê-la conduzido ao desastre. Embora pensemos saber o que é melhor para nossa vida e nosso futuro, muitas vezes oramos exatamente pelo que nos levaria à destruição. Deus sabe disso. Ele vê o quadro inteiro e deseja que nossas orações se harmonizem com a vontade dele. No caso dos israelitas, conselho algum — nem mesmo as instruções do próprio Senhor através de Samuel — pôde convencê-los de que oravam erroneamente. O Senhor deu-lhes afinal o rei que pediam, embora soubesse que ele se tornaria na verdade um fardo para o povo.

Hoje você tem o Espírito Santo para guiá-la, até mesmo nas orações. Peça então ao Senhor que sempre ajude você a orar segundo a vontade dele para sua vida. Busque sabedoria na Bíblia. Ore como fez Jesus no jardim de Getsêmani: "que seja feita a tua vontade, e não a minha" (Lc 22.42). Deus então trabalhará em seu coração para que possa aceitar a vontade dele, mesmo que não seja o que você julgava desejar.

Ajuda-me, Espírito Santo de Deus, a orar de acordo com a tua vontade. Fala ao meu coração enquanto leio a tua Palavra de modo que eu cresça em conhecimento. Capacita-me a orar em poder e de acordo com aquilo que te agrada. Obrigada pelos momentos em que orei pedindo algo e tu não me deste porque não era bom. Posso entender isso agora, e sou grata.

EMBORA PENSEMOS SABER O QUE É MELHOR PARA NOSSA VIDA E NOSSO FUTURO, MUITAS VEZES ORAMOS EXATAMENTE PELO QUE NOS LEVARIA À DESTRUIÇÃO. Deus sabe DISSO.

DIA 41

Concede-me *o dom da oração*

LEIA 1SAMUEL 12 E REFLITA

QUANTO A MIM, CERTAMENTE NÃO PECAREI CONTRA O SENHOR, DEIXANDO DE ORAR POR VOCÊS. CONTINUAREI A LHES ENSINAR O QUE É BOM E CORRETO.

1SAMUEL 12.23

Você talvez pense que deixar de orar por outros não constitui pecado contra Deus, mas Samuel considerou claramente o contrário. Deus nos chama para apoiar uns aos outros, amar uns aos outros e orar uns pelos outros. Quando não agimos desse modo, deixamos de viver na unidade e comunhão que ele deseja que tenhamos, e não poderemos experimentar todas as bênçãos que ele quer nos dar. Samuel sabia disso e anunciou que seria fiel na oração pelos israelitas — apesar de todo o mal que fizeram aos olhos de Deus.

A oração é o maior presente que podemos dar a uma pessoa. É claro que, se ela precisa de alimento, roupas e um lugar para viver, tais necessidades também devem ser satisfeitas. Isso, porém, não é motivo para negligenciar nosso dever de orar por ela. As coisas materiais são temporárias, mas as orações podem influenciá-la durante a vida inteira.

Não podemos receber tudo que Deus tem para nós até que pratiquemos a oração intercessória. Isso faz parte do chamado de todo cristão porque somos *todos* chamados para interceder por outros. Deus quer que amemos as pessoas o suficiente para sacrificar nossa vida por elas, em oração.

Senhor, oro por cada membro da minha família e por todos os meus amigos e conhecidos, pedindo que sejam abençoados com paz, boa saúde, provisão e maior conhecimento de ti e da tua Palavra. Ajuda-me a não ser egoísta ou preguiçosa na minha rotina de oração. Mostra-me por quem mais devo orar. Que eu nunca peque contra ti deixando de orar por outras pessoas, conforme a tua vontade.

DEUS QUER QUE AMEMOS AS PESSOAS O SUFICIENTE PARA *sacrificar nossa vida* POR ELAS, EM ORAÇÃO.

DIA 42

Quando Deus *não responde*

LEIA 1SAMUEL 28 E REFLITA

CONSULTOU O SENHOR A RESPEITO DO QUE DEVERIA FAZER, MAS O SENHOR NÃO LHE RESPONDEU, NEM POR SONHOS, NEM PELO URIM, NEM POR PROFETAS.
1SAMUEL 28.6

Deus nem sempre responde imediatamente a nossas orações. É possível que tenha outro propósito ao não dar uma resposta direta. Qualquer que seja a razão, é sempre boa ideia "consultar o Senhor" e sempre má ideia agir por conta própria. Saul fez isso. Sentia-se tão desesperado por uma resposta que não pôde esperar e procurou uma mulher que invocava espíritos, para obtê-la.

Quando Deus não responde a suas orações, recue e espere. Ele está lhe dando uma oportunidade de confiar nele em meio à incerteza e hesitação que possa estar sentindo. O fato de Saul ter consultado de imediato a feiticeira — algo que sabia ser expressamente proibido por Deus — mostrou como era pequena sua confiança no Senhor.

Que resposta à oração você está esperando? Ficou desanimada por causa disso? Sente-se tentada a pensar que Deus não está ouvindo suas orações ou que ele não se importa com seu pedido? Acha que talvez deva interferir e lidar com o problema por conta própria, já que não recebeu nenhuma resposta de Deus?

Se é isso que está pensando, peça a Deus que a ajude a confiar nele, mesmo quando isso lhe parecer difícil. Diga-lhe que está grata porque ele sabe melhor que você o que deve ser feito.

Deus, eu te agradeço porque sempre ouves minhas orações. Dá-me paciência para esperar que as respostas cheguem do teu jeito e no teu tempo perfeito. Dá-me a paz de aceitar a tua resposta — ainda que ela seja um "não". Ajuda-me a resistir a tomar as rédeas da situação e, assim, obter um resultado que contrarie tua vontade. Confio que sabes o que é melhor para mim em todos os momentos.

QUANDO DEUS NÃO RESPONDE A SUAS ORAÇÕES, *recue e espere*. ELE ESTÁ LHE DANDO UMA OPORTUNIDADE DE CONFIAR NELE EM MEIO À INCERTEZA E HESITAÇÃO QUE POSSA ESTAR SENTINDO.

DIA 43

Orando por alguém *que não merece*

LEIA 1REIS 13.1-10 E REFLITA

O REI DISSE AO HOMEM DE DEUS: "POR FAVOR, PEÇA AO SENHOR, SEU DEUS, QUE RESTAURE A MINHA MÃO!". O HOMEM DE DEUS OROU AO SENHOR E A MÃO DO REI FOI RESTAURADA, E ELE PÔDE MOVIMENTÁ-LA NOVAMENTE.

1REIS 13.6

Jeroboão liderou um motim contra Roboão e tornou-se rei das tribos de Israel. O profeta Aías predissera o sucesso de Jeroboão (1Rs 11.29-40). Por não controlar Jerusalém, o rei temia perder a lealdade das pessoas caso continuassem a viajar até o templo. Assim, ele instituiu a própria religião, repleta de bezerros de ouro e altares (1Rs 12.25-33). Quando um mensageiro de Deus, vindo de Judá, lançou uma profecia contra o altar pagão, o rei se ofendeu. Ao apontar o dedo para o profeta, a mão do rei secou instantaneamente.

Então, o rei Jeroboão pediu: "Peça ao SENHOR, seu Deus". O fato de Deus tê-lo curado só pode ser visto como a graça divina estendida a um rebelde. Jeroboão, porém, não entendeu assim, pois continuou a promover a própria religião. A persistente rejeição a Deus levou Jeroboão a destruir sua família.

Apesar da ameaça do rei, o profeta dispôs-se a orar por ele. Aías tinha ordens de anunciar o juízo sobre a falsa religião, no entanto, ao surgir uma oportunidade de orar pelo obstinado rei, não hesitou. Jesus disse: "Amem os seus inimigos e orem por quem os persegue" (Mt 5.44).

Deus está disposto a ouvir orações em nosso favor quando não merecemos. Não devemos também hesitar em orar por outros, mesmo quando achamos que não merecem.

Senhor, ajuda-me a obedecer ao teu mandamento de amar os inimigos e orar pelos que me perseguem. Sei que já ouviste e respondeste às orações que outros fizeram por mim quando eu não merecia; ajuda-me a fazer o mesmo por outras pessoas.

DEUS ESTÁ disposto A OUVIR ORAÇÕES EM nosso favor QUANDO NÃO MERECEMOS. NÃO DEVEMOS TAMBÉM HESITAR EM ORAR POR OUTROS, MESMO QUANDO ACHAMOS QUE NÃO MERECEM.

DIA 44

Aprendendo a orar *rajosamente*

LEIA 1REIS 17.1-24 E REFLITA

ELIAS, QUE ERA DE TISBE, EM GILEADE, DISSE AO REI ACABE: "TÃO CERTO COMO VIVE O SENHOR, O DEUS DE ISRAEL, A QUEM SIRVO, NÃO HAVERÁ ORVALHO NEM CHUVA DURANTE OS PRÓXIMOS ANOS, ATÉ QUE EU ORDENE!".

1REIS 17.1

Quando Elias orava, coisas aconteciam. As nuvens secavam ou derramavam chuva, corvos serviram como garçons, óleo e farinha se multiplicaram, fogo caiu do céu e um menino morto voltou à vida. Alguns desses milagres exemplificaram o tempo divino, e cada um deles serviu de exemplo do poder do Senhor. Todos nos lembram de que nada é impossível quando Deus decide agir.

Os que oram corajosamente podem ter a emoção de presenciar milagres. Alguns talvez questionem se Deus mudaria de fato o tempo como consequência da oração. E, no entanto, ele já o fez: "Elias era humano como nós e, no entanto, quando orou insistentemente para que não caísse chuva, não choveu durante três anos e meio. Então ele orou outra vez e o céu enviou chuva, e a terra começou a produzir suas colheitas" (Tg 5.17-18). Elias era como nós; então por que não podemos orar como ele orou?

Não temos de compreender como a oração funciona; só temos de crer que funciona. A maioria de nós nada entende de eletricidade, mas ainda assim esperamos que os aparelhos funcionem ao ligá-los. A oração é a chave que faz as coisas funcionarem. Orar é o meio de nos ligarmos ao poder de Deus. Somos instruídas a "nunca deixar de orar" (1Ts 5.17). Deus prometeu ouvir e responder. Elias presenciou algumas respostas singulares à oração, mas sua capacidade de orar não era exclusiva. Quando se ora, grandes coisas acontecem, pois Deus ouve e responde segundo sua vontade.

Senhor, sei que és o Deus de milagres e que nada é impossível para aqueles que oram no poder do teu Espírito Santo. Ajuda-me a orar com ousadia e crer em milagres como resposta às minhas orações.

OS QUE ORAM *corajosamente* PODEM TER A EMOÇÃO DE PRESENCIAR *milagres*.

DIA 45

Respostas *imerecidas à oração*

LEIA 2REIS 13.1-9 E REFLITA

ENTÃO JEOACAZ OROU AO SENHOR PEDINDO AJUDA, E O SENHOR ATENDEU À SUA ORAÇÃO, POIS VIU COMO O REI DA SÍRIA OPRIMIA ISRAEL CRUELMENTE. O SENHOR PROVIDENCIOU UM LIBERTADOR PARA SALVAR OS ISRAELITAS DA TIRANIA DOS SÍRIOS, E ISRAEL VOLTOU A VIVER EM SEGURANÇA, COMO EM OUTROS TEMPOS.

2REIS 13.4-5

Jeoacaz não era conhecido por sua sabedoria e virtude. Era um rei tão mau que Deus enviou a equipe do rei Hazael e do príncipe Ben-Hadade da Síria para castigá-lo. Tudo indicava que ele estava recebendo o que merecia.

Jeoacaz então agiu de maneira inesperada. Quando a opressão se tornou excessiva, ele fez o que qualquer um de nós faria ao perceber que os melhores esforços são ineficazes: ele orou. Um homem perverso estava desesperado e se voltava para Deus. Pediu-lhe ajuda, e o Senhor o atendeu. É assim que Deus age. Ele responde às orações das pessoas que *não merecem*.

Como é fácil crer que as orações respondidas têm alguma relação com o fato de sermos bons! Pensamos que, se Deus ainda não respondeu à oração, deve ser porque não somos bons o bastante. Pior ainda, não oramos por achar que nossa bondade é incapaz de impressionar Deus o suficiente para levá-lo a desejar responder-nos. Esquecemos que nem mesmo a maior bondade *mereceria* o favor de Deus.

A oração de Jeoacaz tem muito a nos ensinar. Ele invocou Deus sabendo muito bem que não dera nenhuma razão positiva para que ele respondesse. Não recebeu o favor de Deus por ser quem era, mas por Deus ser quem é: um Deus gracioso e compassivo, que ouve as orações sinceras e humildes. Deus sempre ouve quando você ora.

Querido Senhor, eu te agradeço porque ouves minhas orações e as respondes, não por causa de minha bondade, mas de acordo com a tua. Chego-me a ti porque tu és cheio de graça e misericórdia.

É ASSIM QUE *Deus age*. ELE RESPONDE ÀS ORAÇÕES DAS PESSOAS QUE *não merecem*.

DIA 46

Ore antes *de agir*

LEIA 1CRÔNICAS 14.8-17 E REFLITA

OS FILISTEUS CHEGARAM E INVADIRAM O VALE DE REFAIM. ENTÃO DAVI PERGUNTOU A DEUS: "DEVO SAIR E LUTAR CONTRA OS FILISTEUS? TU OS ENTREGARÁS EM MINHAS MÃOS?".

1CRÔNICAS 14.9-10

Davi foi feito rei de todo Israel e teve de enfrentar seu primeiro desafio. Os filisteus decidiram invadir o território sob seu controle. O novo rei poderia ver a ameaça como um desafio para provar sua capacidade. Em vez disso, ele não tomou nenhuma atitude senão orar antes de agir.

Duas vezes Deus instruiu Davi a atacar. Israel derrotaria os filisteus porque Deus os entregaria nas mãos do rei. Os dois exércitos levaram seus "deuses" ao combate. Os deuses dos filisteus foram deixados, caídos, no campo de batalha como madeira seca para ser queimada (1Cr 14.12).

Os filisteus voltaram para o segundo ataque. Eles talvez pensassem que a primeira vitória de Davi fosse apenas sorte de principiante. Davi orou novamente e recebeu novas ordens. Os filisteus foram derrotados outra vez.

Os atos de Davi revelam várias lições importantes. Primeira, não importa quão súbita ou grande seja uma ameaça, devemos orar *antes* de reagir. Segunda, Deus traz a vitória. Terceira, o fato de termos orado e visto um "inimigo" vencido não significa que não enfrentaremos a mesma ameaça outra vez. Quarta, a oração nos permite receber uma orientação de Deus que pode ser diferente da anterior.

Embora nem sempre vejamos os problemas que deixamos de enfrentar por causa da oração, quase sempre vemos os eventos negativos quando agimos antes de orar.

Querido Senhor, que eu possa sempre te consultar antes de agir. Não quero pensar que tenho todas as respostas, quando só tu podes responder a todas as perguntas da minha vida.

EMBORA NEM SEMPRE VEJAMOS OS *problemas* QUE DEIXAMOS DE *enfrentar* POR CAUSA DA ORAÇÃO, QUASE SEMPRE VEMOS OS EVENTOS NEGATIVOS QUANDO AGIMOS ANTES DE ORAR.

DIA 47

Por que devemos *orar pelo país*

LEIA 2CRÔNICAS 7.11-22 E REFLITA

SE MEU POVO, QUE SE CHAMA PELO MEU NOME, HUMILHAR-SE E ORAR, BUSCAR MINHA PRESENÇA E AFASTAR-SE DE SEUS MAUS CAMINHOS, EU OS OUVIREI DOS CÉUS, PERDOAREI SEUS PECADOS E RESTAURAREI SUA TERRA.

2CRÔNICAS 7.14

Salomão dedicou o templo, onde viu a presença admirável de Deus. O povo festejou dias a fio. O rei fez uma oração que parecia abranger todas as contingências possíveis, pedindo a Deus orientação, livramento e perdão. Uma vez terminadas as festas, Deus respondeu. Vindo a Salomão à noite, ele explicou claramente. *Se* o povo seguisse os seus caminhos, *então* ele ouviria suas orações e restauraria a terra.

Na história de Israel, toda vez que o povo deixou de seguir o plano de Deus não recebeu o que o Senhor planejara para a nação. Quando adoraram outros deuses e seguiram suas inclinações, quando se casaram com membros de outras tribos e fizeram acordos com nações perversas, perderam a força e foram derrotados e levados para o exílio.

Deus não poderia ter sido mais claro em suas instruções. No entanto, é comum não ouvirmos o Senhor. Deus continua dizendo que, se seguirmos seus caminhos, nossa vida será melhor. Muitas vezes, porém, não os seguimos e depois imaginamos por que as coisas acontecem como acontecem.

Deus continua dizendo: "Ore pelo seu país". Quer gostemos de nossos líderes quer discordemos deles, Deus nos chama para orar em favor dessas pessoas. Nossa terra precisa ser restaurada. A promessa divina é que, se nos afastarmos de nossos maus caminhos, ele perdoará e trará restauração. Isso não vai acontecer sem oração.

Senhor Deus, venho humildemente confessar os pecados da minha nação. Oro para que, como povo, nos afastemos dos caminhos ímpios e busquemos tua face, para que ouças nossas orações, perdoes nossos pecados e restaures nossa terra. Derrama teu Espírito sobre nós e opera tua justiça no coração do povo.

DEUS CONTINUA DIZENDO: "ORE PELO SEU PAÍS". A *promessa* DIVINA É QUE, SE NOS AFASTARMOS DE NOSSOS MAUS CAMINHOS, ELE PERDOARÁ E TRARÁ *restauração*.

DIA 48

Orando nos *bons momentos*

LEIA 2CRÔNICAS 15.1-19 E REFLITA

> EMBORA OS SANTUÁRIOS IDÓLATRAS NÃO TIVESSEM SIDO REMOVIDOS DE ISRAEL, O CORAÇÃO DE ASA PERMANECEU INTEIRAMENTE FIEL DURANTE TODA A SUA VIDA.
>
> 2CRÔNICAS 15.17

Quando nossa vida é de louvor e adoração, mantemos o coração puro e aberto para a obra do Espírito Santo. Passar tempo orando mantém em nós a atitude certa para ouvir a voz de Deus. Ao agir assim, tornamos o Senhor a principal prioridade em nossa vida, o que nos ajuda a permanecer dependentes dele, quer as coisas em nossa vida sejam boas quer não.

Quando o Espírito de Deus desceu sobre o profeta Azarias, ele disse ao rei Asa: "O SENHOR estará com vocês enquanto estiverem com ele! Sempre que o buscarem, o encontrarão. Mas, se o abandonarem, ele os abandonará" (2Cr 15.2). Nada pode ser mais claro. Deus fica conosco enquanto estamos com ele.

Compreendemos o que é "estar com Deus" nos dias maus. Chegamo-nos a ele desesperados, em busca de ajuda. E quando as coisas vão bem? O melhor conselho quando você está num período de paz e descanso é edificar-se e fortalecer-se no Senhor. Estude a Palavra. Ore. Passe tempo em sua presença, em adoração e louvor. Use esse tempo para renovar seu amor por Jesus.

O rei Asa nem sempre fez tudo certo, mas no final foi descrito como um rei cujo coração era dedicado ao Senhor. Mesmo quando você não age de modo impecável, pode mostrar a Deus que seu coração está entregue a ele pelo louvor que lhe oferece todos os dias.

Deus Pai, eu te adoro e te agradeço porque és um Deus de amor. O teu amor me salvou e está me transformando de acordo com teu mais elevado propósito. Ajuda-me a lembrar-me de orar tão fervorosamente nos bons momentos como faço nas horas difíceis.

O MELHOR CONSELHO QUANDO VOCÊ ESTÁ NUM PERÍODO DE PAZ E DESCANSO É *edificar-se* E *fortalecer-se* NO SENHOR.

DIA 49

O livramento pode *estar a um passo da oração*

LEIA 2CRÔNICAS 18.28-34 E REFLITA

QUANDO OS COMANDANTES DOS CARROS DE GUERRA SÍRIOS VIRAM JOSAFÁ EM SEUS TRAJES REAIS, FORAM ATRÁS DELE. "É O REI DE ISRAEL!", DISSERAM. CONTUDO, JOSAFÁ CLAMOU, E O SENHOR O SALVOU. DEUS O AJUDOU E AFASTOU DELE SEUS INIMIGOS.

2CRÔNICAS 18.31

O reino de Israel estava dividido em dois, Israel e Judá. Embora esses reis estivessem sempre em desavença, juntaram-se contra o rei da Síria. O rei de Judá, Josafá, era conhecido como justo; esse, porém, não era um traço que descrevia o rei perverso de Israel, Acabe. Embora o profeta Miqueias tivesse previsto a morte de Acabe, as duas nações tinham um inimigo comum e, portanto, pareceu-lhes bom lutarem juntos.

Como precaução contra a profecia, Acabe sugeriu disfarçar-se como soldado, enquanto Josafá entraria na batalha com as vestes reais. Mesmo quem nunca entrou num campo de batalha saberia que o exército inimigo teria como objetivo matar o líder. Josafá, porém, concordou. Quando o inimigo atacou, dirigiu-se ao único rei que viram. Josafá, no entanto, orou, e Deus o protegeu. Conforme a profecia, uma flecha desviada penetrou nos encaixes da armadura de Acabe, mesmo disfarçado como simples soldado.

Josafá errou por fazer aliança com um rei perverso e por não dar atenção ao profeta de Deus. Uma das escolhas de Josafá, no entanto, mostrou-se impecável. Mesmo no calor da batalha, ele clamou a Deus.

A oração não acontece apenas na quietude de um momento. Falar com Deus deveria fazer parte tanto dos períodos de luta como dos de paz. Clame sempre a Deus nos momentos de desespero, lembrando que o livramento normalmente está a um passo da oração.

Senhor, fortalece minha fé de modo que eu não desista de orar no calor da oposição levantada pelo inimigo. Sei que a próxima oração que eu fizer pode ser aquela que trará total libertação das fortalezas que o inimigo está tentando levantar em minha vida.

UMA DAS ESCOLHAS DE JOSAFÁ MOSTROU-SE IMPECÁVEL. MESMO NO CALOR DA BATALHA, ELE *clamou a Deus.*

DIA 50

Oração *perseverante*

LEIA SALMOS 18.28-42 E REFLITA

TU ME ARMASTE FORTEMENTE PARA A BATALHA;
AJOELHASTE MEUS INIMIGOS DIANTE DE MIM.
SALMOS 18.39

A perseverança tem sido descrita como a capacidade de enfrentar um problema ou uma situação até que se resolva. Não é difícil perseverar quando tudo se abre a sua frente, mas, quando a estrada para a resolução se mostra cheia de obstáculos, precisamos de força para perseverar.

A Palavra de Deus nos diz que a perseverança, apesar de às vezes não ser agradável, é proveitosa para nós, "pois sabemos que [as dificuldades] contribuem para desenvolvermos perseverança, e a perseverança produz caráter aprovado, e o caráter aprovado fortalece nossa esperança" (Rm 5.3-4). De fato, recebemos a ordem de permanecer na trajetória em que Deus nos colocou. "Corramos com perseverança a corrida que foi proposta diante de nós" (Hb 12.1).

Peça ao Senhor que ajude você a agir como Davi e ser agressiva com o inimigo, que tentará vencê-la pelo desânimo.

Peça-lhe que a ajude a manter-se firme contra esse inimigo até que ele seja completamente destruído. Temos de orar até receber a resposta.

É Deus quem nos concede a força necessária para perseverarmos em oração. Com seu poder fluindo em nós, não só resistiremos a quaisquer pressões como as eliminaremos.

Se Deus está conosco, a vitória é nossa!

Senhor, sou grata porque me armaste com a força de que preciso para a batalha que se coloca adiante. Ensina-me a perseverar em oração e a não desanimar. Obrigada por estares sempre comigo, fazendo que as coisas me favoreçam.

É DEUS QUEM NOS CONCEDE
A FORÇA NECESSÁRIA PARA
perseverarmos EM ORAÇÃO.
SE DEUS ESTÁ CONOSCO,
A *vitória* É NOSSA!

DIA 51

Desafios para o *cônjuge que ora*

LEIA SALMOS 24 E REFLITA

QUEM PODE SUBIR O MONTE DO SENHOR? QUEM PODE PERMANECER EM SEU SANTO LUGAR?
SOMENTE OS QUE TÊM AS MÃOS PURAS E O CORAÇÃO LIMPO, QUE NÃO SE ENTREGAM AOS ÍDOLOS
E NÃO JURAM EM FALSO.

SALMOS 24.3-4

O grande desafio de ser uma esposa ou um marido que ora, além do tempo que isso exige, é manter o coração puro. Para se comunicar livremente com Deus, seu coração precisa estar em ordem diante dele. Por isso, antes de orar pelo cônjuge, ore por si mesma. Se você abriga ressentimento, raiva, rancor ou uma atitude que não agrada a Deus, será difícil receber respostas a suas orações, mesmo que os pedidos sejam legítimos.

Se, contudo, você entregar esses sentimentos a Deus com total honestidade e se dedicar à oração, seu casamento passará por mudanças drásticas, que certamente não ocorreriam de nenhuma outra maneira.

Comece pedindo ao Senhor que lhe revele como colocar seu cônjuge antes dos filhos, do trabalho, da família, dos amigos, das atividades e de quaisquer outros interesses. Peça-lhe que a ajude a resgatar as ocasiões em que seu cônjuge foi levado a duvidar disso. Esse princípio é fundamental e faz parte do projeto de Deus para o casamento. Peça perdão, caso tenha sido negligente nessa área.

Ore pedindo que Deus lhe mostre como organizar suas prioridades, de modo que você não ocupe seu tempo com coisas que a consomem ou não têm propósito eterno. Os reflexos de sua atitude e os resultados de suas orações serão sentidos no seu casamento antes mesmo que você possa imaginar.

Querido Deus, declaro que tu és Senhor sobre minha vida. Ajuda-me a te buscar a cada dia e a organizar minhas prioridades de forma correta.

ORE PEDINDO QUE DEUS LHE MOSTRE COMO ORGANIZAR SUAS *prioridades*, DE MODO QUE VOCÊ NÃO OCUPE SEU TEMPO COM COISAS QUE O CONSOMEM OU NÃO TÊM PROPÓSITO *eterno*.

DIA 52

Ore para resistir *à tentação*

LEIA SALMOS 51.1-19 E REFLITA

CRIA EM MIM, Ó DEUS, UM CORAÇÃO PURO; RENOVA DENTRO DE MIM UM ESPÍRITO FIRME. NÃO ME EXPULSES DE TUA PRESENÇA E NÃO RETIRES DE MIM TEU SANTO ESPÍRITO. RESTAURA EM MIM A ALEGRIA DE TUA SALVAÇÃO E TORNA-ME DISPOSTO A TE OBEDECER.

SALMOS 51.10-12

Davi escreveu essas palavras depois de ter sido confrontado pelo profeta Natã sobre o adultério com Bate-Seba. O salmo é, portanto, uma súplica de Davi por pureza e uma oração por restauração da alegria de um relacionamento reto.

Deus quer que vivamos em contraste com o mundo. A tentação sexual se encontra em toda parte. A atitude em relação ao sexo casual e à imoralidade em nossa sociedade avançou bem além do que a maioria das pessoas poderia imaginar.

A advertência de Deus é que mantenhamos "distância dos desejos carnais que lutam contra a alma" (1Pe 2.11). Aquilo que cobiçamos — sexo, bens materiais, prestígio, dinheiro, poder — destrói nossa alma.

A boa notícia é que existe um meio de resistir às tentações da carne, especialmente à tentação sexual: *adorar a Deus*. Mas essa deve ser nossa *primeira* reação, e não uma resposta depois do fato consumado. O rei Davi *deveria* ter agido assim.

Tudo começou com um pensamento pecaminoso. Ninguém comete adultério sem antes ter pensado nisso. É no *primeiro pensamento* que a oração deve ser feita. Mais tarde, Davi confessou tudo e mostrou-se arrependido. Mesmo assim, graves consequências resultaram de seus atos.

Todos nós cometemos erros. Não permita que a culpa separe você de Deus. Para vencer a tentação, apresente-se diante do Senhor tão logo ela se manifeste na mente pela primeira vez. Não espere como fez Davi. Vá a Deus e confesse. Então louve-o como o Deus que é mais poderoso que qualquer tentação.

Deus, peço que cries em mim um coração limpo e correto diante de ti. Não quero jamais ser separada da presença do teu Espírito Santo.

EXISTE UM MEIO DE RESISTIR ÀS TENTAÇÕES DA CARNE, ESPECIALMENTE À TENTAÇÃO SEXUAL: *adorar a Deus.*

DIA 53

É tempo *de orar*

LEIA SALMOS 63.4 E REFLITA

SIM, TE LOUVAREI ENQUANTO VIVER; A TI EM ORAÇÃO LEVANTAREI AS MÃOS.

SALMOS 63.4

A maioria de nós tem uma vida tão agitada que nem sequer encontra um momento para falar com Deus. Nunca houve tanta pressão para que aprendêssemos, melhorássemos ou fôssemos bem-sucedidos. E nunca houve tantas oportunidades para isso. Talvez você pense que não tem tempo para orar. Acredite: você não é a única. Entretanto, quando não passamos um tempo diário com Deus, em oração, deixamos de ouvir sua voz. E, se não sabemos quem Deus realmente é, e quem ele nos criou para ser, podemos tomar decisões desastrosas e jamais experimentar o que ele tem para nós.

Quando oramos, depositamos em Deus os fardos que carregamos. Ele não só deseja carregá-los em nosso lugar como quer que vejamos as situações difíceis na perspectiva dele. Só assim somos capazes de discernir a verdade da mentira, o certo do errado, o que Deus deseja para nós e o que ele não deseja. Na maioria das vezes acreditamos em inverdades sobre nós e sobre as circunstâncias. E ver a verdade como Deus a revela é libertador.

Orar é uma atitude, uma decisão consciente que tomamos a fim de enfrentar o que quer que esteja diante de nós. Precisamos nos empenhar em fazer da oração um estilo de vida, de modo que ela seja nossa primeira reação, e não a última, às dificuldades que enfrentamos.

Ó, Deus, ajuda-me a discernir tua verdade. Quero ouvir tua voz a guiar-me pelos caminhos que traçaste para mim. Quando eu resistir a encontrar tempo para estar diante de ti, faz-me enxergar a verdadeira prioridade em minha vida. Ajuda-me a sempre buscar-te em primeiro lugar.

QUANDO NÃO PASSAMOS UM tempo DIÁRIO com Deus EM ORAÇÃO, DEIXAMOS DE OUVIR SUA VOZ.

DIA 54

Ore com um *coração reto*

LEIA SALMOS 66.1-20 E REFLITA

Se eu não tivesse confessado o pecado em meu coração, o Senhor não teria ouvido.
Mas Deus ouviu! Ele atendeu à minha oração.
Louvado seja Deus, que não rejeitou minha oração, nem afastou de mim o seu amor.
Salmos 66.18-20

O ponto positivo da oração — ou o problema dela, dependendo da perspectiva — é ter de ir a Deus, o que significa que nada podemos esconder e que quaisquer pensamentos negativos ou atitudes incorretas serão revelados pelo Senhor. Oração fervorosa e sincera revela o que reside no profundo do coração. As palavras do salmista deixam claro que, se tivermos qualquer sentimento de falta de perdão, amargura, egoísmo, orgulho, ira, irritação ou ressentimento, as orações não serão respondidas. Temos de apresentar-nos ao Senhor com o coração aberto para o que é correto.

Deus deseja que ajamos corretamente com as pessoas antes de levar-lhe nossas preocupações ou até nossos atos de serviço. Jesus instruiu seus seguidores: "Portanto, se você estiver apresentando uma oferta no altar do templo e se lembrar de que alguém tem algo contra você, deixe sua oferta ali no altar. Vá, reconcilie-se com a pessoa e então volte e apresente sua oferta" (Mt 5.23-24).

Se, às vezes, você sente que suas orações não estão sendo ouvidas, examine seu coração e peça a Deus que lhe revele qualquer coisa que precise confessar. Depois disso, aquela alegria que Davi sentiu será sua também.

Senhor, não quero guardar pecado dentro do meu coração. Quero que ele seja correto diante de ti para que sempre escutes a minha oração. Peço que, pelo poder do teu Espírito Santo, tu me capacites a manter meu coração puro e minhas mãos limpas.

SE TIVERMOS QUALQUER *sentimento* DE FALTA DE PERDÃO, AMARGURA, EGOÍSMO, ORGULHO, IRA, IRRITAÇÃO OU RESSENTIMENTO, AS *orações* NÃO SERÃO RESPONDIDAS.

DIA 55 # Você precisa *interceder pelo mundo*

LEIA SALMOS 113 E REFLITA

POIS O SENHOR É ENGRANDECIDO ACIMA DAS NAÇÕES; SUA GLÓRIA ESTÁ ACIMA DOS CÉUS. QUEM SE COMPARA AO SENHOR, NOSSO DEUS, ENTRONIZADO NAS ALTURAS? ELE SE INCLINA PARA VER O QUE ACONTECE NOS CÉUS E NA TERRA.

SALMOS 113.4-6

O ministério de intercessão é um grande privilégio. Interceder é orar em favor de outros com a direção e a capacitação do Espírito Santo.

O papel do intercessor consiste em trazer o triunfo da cruz de Jesus Cristo sobre a situação pela qual está intercedendo. Oração não é conjetura, superstição ou suposição arrogante de que somos poderosos. Quando as pessoas oram, coisas acontecem, mas o poder é de Deus.

Alguns se consideram pequenos demais frente aos problemas do mundo — ou grandes demais — e creem que suas orações não farão diferença. Experimente começar com coisas simples. Não é preciso orar pelo mundo inteiro em um dia.

Pode começar com seu país. Escolha uma cidade, uma área, um grupo, uma pessoa ou uma situação com a qual esteja familiarizado e ore sobre algo específico relacionado a isso. Peça ajuda ao Espírito Santo (Rm 8.26).

Deus deseja derramar seu Espírito *sobre* as nações para que recebam a mensagem da salvação e, à medida que atendermos a seu chamado para orar, não haverá limites para o que Deus poderá fazer.

Senhor, ajuda-me a ter fé para acreditar que minhas orações farão diferença nas nações. Mostra-me a cada dia por qual país e quais pessoas desejas que eu ore. Onde quer que haja pessoas sendo perseguidas pela fé, oro para que tu as protejas. Que o mundo conheça a luz do teu Evangelho e tenha paz em Cristo Jesus.

DEUS DESEJA DERRAMAR SEU ESPÍRITO SOBRE AS NAÇÕES PARA QUE RECEBAM A *mensagem da salvação* E, À MEDIDA QUE ATENDERMOS A SEU CHAMADO PARA ORAR, NÃO HAVERÁ LIMITES PARA O QUE DEUS PODERÁ FAZER.

DIA 56

Deus ouve *quando você ora*

LEIA SALMOS 116.1-19 E REFLITA

AMO O SENHOR, PORQUE ELE OUVE A MINHA VOZ E AS MINHAS ORAÇÕES. PORQUE ELE SE INCLINA PARA OUVIR, ORAREI ENQUANTO VIVER.

SALMOS 116.1-2

Você tem alguém em sua vida que realmente a ouça? Talvez seja uma irmã ou uma amiga íntima, ou até uma colega de trabalho que demonstre empatia. Se tiver, você é abençoada. Como é natural, passamos às vezes por situações em que parece que todos os que conhecemos estão ocupados ou preocupados demais com os próprios problemas para ouvirem os clamores do nosso coração. Poucas vezes a solidão é tão grande como quando estamos sofrendo e não temos ninguém a quem contar.

Como filhos de Deus, porém, sempre temos alguém para ouvir-nos: o próprio Deus!

Encontramos repetidamente estas declarações nos salmos: "Mas Deus ouviu! Ele deu atenção à minha oração" (66.19). "Esperei com paciência pelo SENHOR; ele se voltou para mim e ouviu meu clamor" (40.1). Esperar nunca é fácil, mas, quando chega a resposta a uma de suas orações, você sabe sem nenhuma dúvida que Deus ouviu seus clamores.

Deus nunca está tão distante que não possa nos ouvir. As Escrituras nos dizem que ele se volta para nos escutar. Nunca duvide de que ele está em sua vida sempre disposto a ouvir. Só ele tem poder para mudar a situação que você está enfrentando. Deus ama você e tem em vista seus melhores interesses. "Volte, minha alma, a descansar, pois o SENHOR lhe tem sido bom" (116.7).

Senhor, sou profundamente confortada por saber que ouves minhas orações. Tua Palavra diz que nunca estás longe demais a ponto de não ouvir quando clamo. Ajuda-me a buscar-te em oração quando minha alma estiver aflita.

DEUS *nunca* ESTÁ TÃO *distante*
QUE NÃO POSSA NOS OUVIR.

DIA 57

Descubra o *poder da oração*

LEIA SALMOS 142.1-7 E REFLITA

CLAMO EM ALTA VOZ AO SENHOR; SUPLICO PELA MISERICÓRDIA DO SENHOR. DERRAMO DIANTE DELE MINHAS QUEIXAS E LHE APRESENTO MINHAS ANGÚSTIAS.

SALMOS 142.1-2

Eu era atraída por estes versículos: "Peçam, e receberão. Procurem, e encontrarão. Batam, e a porta lhes será aberta" (Mt 7.7) e "não têm o que desejam porque não pedem" (Tg 4.2). Eu vivia pedindo, buscando e batendo. Mas, mesmo assim, não estava feliz e não via as respostas de oração. Até que li: "quando pedem, não recebem, *pois seus motivos são errados*; pedem apenas o que lhes dará prazer" (Tg 4.3). Frustrada, clamei: "Senhor, ensina-me a orar".

Aprendi então que orar não é apenas pedir. Orar é falar com Deus, desfrutar tempo com ele, buscá-lo em primeiro lugar, conhecê-lo melhor, reconhecer que ele é a fonte de poder da qual você depende, é separar um tempo para dizer: "Senhor, fala a meu coração e me diga o que eu preciso ouvir".

Os amigos que não se comunicam com frequência se distanciam emocionalmente. Assim, se você não mantiver contato diário com Deus, começa a se sentir distante dele apesar de ele estar próximo. Além disso, quando se passa algum tempo com alguém que se admira, adquire-se as características dessa pessoa. Quando você está na presença de Deus, o caráter dele é formado *em* você.

Sem oração é impossível receber o que Deus tem para nós e livrar-nos de coisas que não fazem parte da vontade de Deus para nossa vida. Devemos orar por tudo que nos preocupa, independentemente da gravidade da questão (Mt 10.30; Lc 1.37). Lembre-se sempre disto: Orar é um privilégio nosso, mas o poder da oração é uma prerrogativa de Deus.

Senhor, tenho um profundo desejo de me aproximar de ti pela oração. Ajuda-me a vencer as distrações e a falta de tempo que roubam de mim esses momentos contigo. Ajuda-me a fazer da oração uma prioridade para que eu possa descobrir tua vontade para minha vida e que o poder da oração não está em mim, mas exclusivamente em ti.

ORAR É UM *privilégio nosso*,
MAS O PODER DA ORAÇÃO É UMA
PRERROGATIVA DE DEUS.

DIA 58

O Senhor está perto *quando oramos*

LEIA SALMOS 145.1-21 E REFLITA

O SENHOR ESTÁ PERTO DE TODOS QUE O INVOCAM,
SIM, DE TODOS QUE O INVOCAM COM SINCERIDADE.
SALMOS 145.18

Você vive momentos em que Deus parece muito distante? A maioria de nós sente isso. O salmista fala por nós ao clamar: "Ó SENHOR, por que permaneces distante? Por que te escondes em tempos de aflição?" (Sl 10.1). Pendurado na cruz, Jesus clamou: "Meu Deus, meu Deus, por que me abandonaste?" (Mt 27.46).

Nossos sentimentos podem dizer-nos que Deus está distante, mas as Escrituras dizem algo diferente. Quando clamamos a Deus em oração, ele está perto, quer *sintamos*, quer não. Ao mesmo tempo, podemos orar por algo de que precisamos sem ver uma resposta depois de semanas, meses ou até mesmo anos de intercessão fervorosa. Por que Deus tantas vezes nos faz esperar pelo que temos certeza ser necessário imediatamente?

Deus pode negar-nos certas coisas durante algum tempo porque deseja que oremos por elas. Ele quer fazer algo grande em resposta a nossas orações, algo que só pode nascer se orarmos. É possível que certas coisas não ocorram em sua vida a não ser que ore longa e fervorosamente por elas.

Se começar a desanimar e achar que a vida nunca vai mudar, saiba que o oposto é verdade. É nessas ocasiões que Deus a está *preparando* para o seu futuro. Quando chegar a hora certa, Deus agirá. Não antes. Achegue-se a Deus em oração, confiando em sua provisão.

Senhor, achego-me a ti e agradeço-te por estares perto de mim. Confesso os momentos em que duvidei que estavas perto porque parecia que minhas orações não eram respondidas. Agora sei que a dúvida contraria tua Palavra.

QUANDO CLAMAMOS A DEUS EM ORAÇÃO, ELE ESTÁ *perto*, QUER *sintamos*, QUER NÃO.

DIA 59

Deus ouve as *orações dos justos*

LEIA PROVÉRBIOS 15.8-9,26,29 E REFLITA

OS SACRIFÍCIOS DOS PERVERSOS SÃO DETESTÁVEIS PARA O SENHOR, MAS ELE TEM PRAZER NAS ORAÇÕES DOS JUSTOS.

PROVÉRBIOS 15.8

Certos princípios das Escrituras são repetidos várias vezes. Considere este capítulo de Provérbios. Somos lembrados reiteradamente de que "os caminhos dos perversos são detestáveis para o SENHOR, mas ele ama aquele que busca a justiça" (Pv 15.9). Por que ele enfatiza a justiça?

Primeiro, precisamos lembrar o que justiça *não* é. Não se trata de simplesmente fazer "boas obras". As Escrituras não ensinam que obteremos justiça mediante os próprios esforços. Pelo contrário, nós nos *tornamos* justos por meio do relacionamento com Cristo. Isso nos é explicado minuciosamente no Novo Testamento: "Agora, porém, conforme prometido na lei de Moisés e nos profetas, Deus nos mostrou como somos declarados justos diante dele sem as exigências da lei: somos declarados justos diante de Deus por meio da fé em Jesus Cristo, e isso se aplica a todos que creem, sem nenhuma distinção" (Rm 3.21-22).

Portanto, qualquer justiça que nos for concedida deve-se à fé em Cristo. Todavia, uma vez que já recebemos a Cristo como nosso Salvador, Deus espera que vivamos como pessoas remidas: indivíduos caracterizados por um espírito de humildade, arrependimento e submissão à vontade de Deus em nossa vida. Viver de acordo com os mandamentos e com o ensino encontrado na Palavra é viver com justiça. Temos a promessa de que Deus ouve as orações quando vivemos segundo a vontade dele.

Querido Deus, como sou grata porque me vês como justa por causa de meu relacionamento com Jesus. Peço que meus pensamentos, palavras e ações sejam sempre agradáveis aos teus olhos e que minhas orações sejam agradáveis aos teus ouvidos. Capacita-me cada dia a fazer o que é certo.

VIVER DE ACORDO COM OS MANDAMENTOS E COM O ENSINO ENCONTRADO NA *Palavra* É VIVER COM JUSTIÇA.

DIA 60

Ore por uma *parceira de oração*

LEIA PROVÉRBIOS 27.17 E REFLITA

COMO O FERRO AFIA O FERRO,
ASSIM UM AMIGO AFIA O OUTRO.
PROVÉRBIOS 27.17

A Bíblia desaconselha o isolamento (Pv 18.1), o que também se aplica à oração. Isso não quer dizer que não podemos orar sozinhos. Cada um de nós precisa de seu momento a sós com Deus (Mt 6.6). Mas também precisamos perseverar em oração com outros cristãos (At 2.42).

Deus preparou alguém para orar com você. Não hesite em lhe perguntar quem é. Faça a sua parte, e procure. Mas não se aborreça nem se sinta rejeitado se a pessoa que você convidar recusar. Isso significa que não é o companheiro certo para *você* ou que o tempo para *ele* ainda não chegou.

Quando você começar a orar regularmente com um parceiro, verá que coisas grandes acontecerão, porque cada um experimentará a ação poderosa do Espírito Santo que vive em vocês. Além disso, sua fé inspirará na outra pessoa o crescimento da fé, e essa fé aumentará a sua.

Ao orar com uma parceira de oração sobre coisas relacionadas a mim, descobri-me orando mais e com maior direção e objetivo. Como resultado, as coisas realmente começaram a progredir em minha vida. Experimentei mais libertação, cura, crescimento e sucesso. E cheguei a perceber que essas coisas aconteceram não somente porque eu orava por meus pedidos, mas também porque estava orando pelos pedidos dela. Quando oramos mutuamente, abençoamo-nos mutuamente.

Deus, tu disseste que, quando duas ou mais pessoas estivessem reunidas em teu nome, estarias no meio delas e que, quando dois de nós concordássemos em oração, responderias. Peço que envies especificamente uma ou mais pessoas para orarem comigo regularmente. Que sejam pessoas de confiança e maduras em seu caminhar contigo e que tenham fé para crer nas respostas às orações.

DEUS PREPAROU ALGUÉM PARA ORAR *com* VOCÊ. NÃO HESITE EM LHE PERGUNTAR QUEM É. FAÇA A SUA PARTE, E *procure*.

DIA 61

Quando as orações *desagradam a Deus*

LEIA PROVÉRBIOS 28.9 E REFLITA

AS ORAÇÕES DE QUEM SE RECUSA A OUVIR A LEI SÃO DETESTÁVEIS PARA DEUS.

PROVÉRBIOS 28.9

As Escrituras nos dizem que um dos resultados da desobediência é que nossas orações não serão ouvidas. A palavra “detestável” significa odioso ou abominável, que inspira aversão. Ninguém deseja que Deus veja suas orações dessa forma!

É importante pedir sempre a Deus que ele nos mostre o que deseja que façamos. Mesmo quando pensamos estar fazendo tudo certo, é sempre bom orar: “Senhor, mostra-me qualquer ponto em que eu não esteja obedecendo. Quero viver de acordo com tuas regras”.

Jesus disse: “Se você deseja entrar na vida eterna, guarde os mandamentos” (Mt 19.17). Ele sabia que nada confere mais paz e confiança às pessoas que saber que estão agindo segundo o desejo de Deus. A Bíblia afirma que na obediência encontraremos misericórdia (Sl 28.6), paz (Sl 37.37) e felicidade (Pv 29.18). Não viver em obediência resulta em graves consequências

(Pv 15.10), orações não respondidas (Pv 28.9) e incapacidade de receber o que Deus tem para nós (1Co 6.9).

Andar em obediência diz respeito também a atender às instruções *específicas* de Deus. Se ele a instruiu a descansar e você não o faz, é desobediência. Se ele mandou que deixasse de fazer certo tipo de trabalho e você não atende, é desobediência. Deus também pode pedir-lhe que aceite um emprego diferente, suspenda certa atividade ou mude sua rotina em relação a algo. Não importa o que lhe peça, lembre-se de que ele o faz para seu bem.

Os caminhos de Deus são sempre melhores que os nossos, e a obediência à Palavra abre o caminho para que nossas orações sejam ouvidas.

Deus, ensina-me a tua Palavra. Dá-me a compreensão dos teus caminhos de modo que eles se tornem parte de mim. Mantém-me no caminho reto para que minhas orações nunca te sejam detestáveis.

É IMPORTANTE *pedir* SEMPRE A DEUS QUE ELE NOS *mostre* O QUE DESEJA QUE FAÇAMOS. MESMO QUANDO PENSAMOS ESTAR FAZENDO TUDO CERTO.

DIA 62

Há um tempo *para tudo*

LEIA ECLESIASTES 3.1-11 E REFLITA

E, NO ENTANTO, DEUS FEZ TUDO APROPRIADO PARA SEU DEVIDO TEMPO. ELE COLOCOU UM SENSO DE ETERNIDADE NO CORAÇÃO HUMANO, MAS MESMO ASSIM NINGUÉM É CAPAZ DE ENTENDER TODA A OBRA DE DEUS, DO COMEÇO AO FIM.

ECLESIASTES 3.11

Quando se trata de oração, pensamos sobre o tempo de resposta de Deus. Quando a resposta não é imediata, imaginamos, ansiosos, a razão. Eclesiastes, porém, nos diz: "Há um momento certo para tudo, um tempo para cada atividade debaixo do céu" (3.1). O tempo de Deus difere do nosso. Seus caminhos não são os nossos. Vivemos segundo o tempo terreno. Deus vê sob a perspectiva eterna. Viver em um mundo cujo tempo é cronometrado e esperar pelo tempo de Deus é difícil.

Ainda que oremos e tenhamos fé, temos de lembrar que o resultado e o tempo estão nas mãos *de Deus*. Ele diz que há "tempo de curar" (Ec 3.3). Portanto, se você orou por cura e não a obteve, não se culpe nem tenha raiva de Deus. Ele às vezes usa os males físicos para obter nossa atenção, a fim de poder conversar conosco. Então, continue a orar e não perca a esperança.

O mesmo se aplica quando oramos a Deus para que salve a vida de alguém. A Bíblia diz que há "tempo de morrer" (Ec 3.2). A decisão, porém, cabe a Deus, e não a nós. E devemos aceitá-la. Podemos orar, mas *ele* determina o resultado. Precisamos aceitar o que Deus faz sem ressentir-nos com ele.

O tempo do Senhor é perfeito. Quando nos rendemos, nos sentimos livres. Ainda que você possa não entender exatamente o que Deus está fazendo, pode confiar: ele está agindo.

Senhor, quero todas as respostas a minhas orações neste exato momento, mas tu queres que eu seja paciente e espere em ti. Entrego-te minhas preocupações e deixo o resultado em tuas mãos. Ajuda-me a descansar ciente de que o teu tempo é perfeito e justo.

O *tempo* DE DEUS DIFERE DO NOSSO. SEUS CAMINHOS NÃO SÃO OS NOSSOS. VIVEMOS SEGUNDO O TEMPO TERRENO. DEUS VÊ SOB A *perspectiva eterna.*

DIA 63

Unidos em favor *do casamento*

LEIA ECLESIASTES 4.9-12 E REFLITA

É MELHOR SEREM DOIS QUE UM, POIS UM AJUDA O OUTRO A ALCANÇAR O SUCESSO. SE UM CAIR, O OUTRO O AJUDA A LEVANTAR-SE. MAS QUEM CAI SEM TER QUEM O AJUDE ESTÁ EM SÉRIOS APUROS.

ECLESIASTES 4.9-10

É com muita tristeza que observamos hoje em dia a fragilidade dos relacionamentos conjugais. O divórcio e a infidelidade, infelizmente, passaram a fazer parte da realidade de muitos maridos e esposas que um dia assumiram o compromisso mútuo de amor e respeito por toda a vida. A oração é a arma mais eficaz para proteger seu casamento de qualquer tipo de corrosão.

Aprendi que uma das melhores formas de contribuir para manter meu casamento saudável é me reunir semanalmente com outras mulheres para orarmos juntas. Essa prática tem sido tão bem-sucedida que não hesito em sugeri-la a todas as mulheres com quem tenho contato. Se possível, encontre duas ou mais pessoas de fé em quem você tenha total confiança e com quem possa compartilhar os anseios de seu coração, e reserve um tempo para orar com elas a cada semana. Essa experiência transformará sua vida.

O objetivo da oração nesses encontros é entregar todos os seus fardos ao Senhor, pedir a Deus que coloque seu coração em ordem e lhe mostre como ser uma boa esposa ou um bom marido. Também é uma ocasião para interceder por seu cônjuge. Lembre-se de consagrar a Deus a vida de vocês, de modo que o Senhor atue no sentido de impedir que haja espaço para o ciúme ou para a baixa autoestima que o precede. Ore pedindo que nada influencie as atitudes e os hábitos de vocês a ponto de prejudicar seu relacionamento conjugal.

Senhor, peço que protejas meu casamento de tudo que possa prejudicá-lo ou destruí-lo. Guarda-o de nosso egoísmo e negligência e de situações nocivas ou perigosas. Coloca em meu caminho pessoas intercessoras, com quem eu divida momentos mútuos de comunhão e fortalecimento.

A *oração* É A ARMA MAIS EFICAZ PARA PROTEGER SEU *casamento* DE QUALQUER TIPO DE CORROSÃO.

DIA 64

Encontrando *libertação*

LEIA ISAÍAS 62 E REFLITA

POR CAUSA DE SIÃO, NÃO PERMANECEREI QUIETO.
POR CAUSA DE JERUSALÉM, NÃO FICAREI CALADO,
ATÉ SUA JUSTIÇA BRILHAR COMO O AMANHECER E SUA SALVAÇÃO RESPLANDECER COMO UMA TOCHA ACESA.
ISAÍAS 62.1

Isaías intercedeu com fervor pelo livramento e pela restauração de sua nação. Ele orou também com a esperança de um homem que tinha uma visão para o futuro de seu povo.

Devemos orar com essa mesma combinação de intensidade e visão. Ao reconhecer que a única esperança de livramento e restauração se encontra em Deus, somos levados a orar com paixão. Temos esperança porque sabemos que nada é impossível para Deus.

A oração de Isaías nos faz lembrar várias coisas. A primeira é o fervor que devemos ter na oração, não só por nossa vida, mas pela vida de familiares e dos cidadãos de nossa comunidade e nação. A segunda é que o único alvo de nossa esperança é Deus, mesmo que nos iludamos pensando durante algum tempo que podemos cuidar das coisas por nós mesmos. Finalmente, a oração de Isaías nos lembra que, por mais desesperadora que pareça a situação, Deus é nossa luz.

Todo livramento e toda restauração vêm do Senhor. Foi Deus quem "nos livrou do perigo mortal, e nos livrará outra vez. Nele depositamos nossa esperança, e ele continuará a nos livrar" (2Co 1.10). Confie que "aquele que começou a boa obra em vocês irá completá-la até o dia em que Cristo Jesus voltar" (Fp 1.6).

Por mais difícil que a situação pareça, não desista, porque Deus não descansará até que sua justiça resplandeça como a alvorada e sua salvação seja como uma tocha acesa.

Senhor, peço que não me abandones até que eu seja completamente livre e restaurada à plenitude e até que minha justiça resplandeça como a alvorada.

POR MAIS DIFÍCIL QUE A SITUAÇÃO PAREÇA, *não desista*, PORQUE DEUS NÃO DESCANSARÁ ATÉ QUE SUA JUSTIÇA RESPLANDEÇA COMO A ALVORADA E SUA SALVAÇÃO SEJA COMO UMA TOCHA ACESA.

DIA 65

Orando sem *desculpas*

LEIA JEREMIAS 1.1-10 E REFLITA

O SENHOR RESPONDEU: "NÃO DIGA: 'SOU JOVEM DEMAIS', POIS VOCÊ IRÁ AONDE EU O ENVIAR E DIRÁ O QUE EU LHE ORDENAR." [...] ENTÃO O SENHOR ESTENDEU A MÃO, TOCOU MINHA BOCA E DISSE: "VEJA, COLOQUEI MINHAS PALAVRAS EM SUA BOCA!".
JEREMIAS 1.7,9

Ali estava Jeremias, cuidando dos próprios afazeres, quando "a palavra do Senhor veio". Deus lhe deu um trabalho inteiramente novo: o de falar às nações. Por sentir-se sem nenhuma condição de fazê-lo, Jeremias declinou com humildade. Deus, porém, rejeitou por completo suas desculpas.

O Senhor desfez a preocupação do profeta sobre sua juventude e contestou seu temor de falar em público. Assim descreveu o profeta: "O SENHOR estendeu a mão, tocou minha boca e disse" (1.9). Como esse toque deve ter sido maravilhoso e reconfortante! Jeremias soube que não teria mais de se preocupar.

Ao arranjar desculpas para não fazer a vontade de Deus, o que expressamos de fato é que compreendemos as coisas melhor que ele. Sentir-se inadequado é bom quando nos leva a depender de Deus, mas não é bom quando essa insegurança nos leva a rejeitar a vontade do Senhor.

Devemos, porém, lembrar o que Deus disse a Jeremias: "coloquei minhas palavras em sua boca". O Senhor fará o mesmo conosco, quando pedirmos que nos ajude a orar.

Deus nos forneceu a ferramenta mais poderosa do universo: *a oração*. Se nossas palavras liberam o poder de Deus para mudar o coração das pessoas, derrubar fortalezas espirituais ou edificar nações, estamos participando da força mais potente do universo.

—

Pai, peço que coloques tuas palavras em minha boca para que eu interceda pelos outros através do poder do teu Espírito.

SENTIR-SE INADEQUADO É BOM QUANDO NOS LEVA A *depender de Deus*, MAS NÃO É BOM QUANDO ESSA INSEGURANÇA NOS LEVA A REJEITAR A VONTADE DO SENHOR.

DIA 66

Orando por *sua nação*

LEIA JEREMIAS 6.16-19 E REFLITA

> Assim diz o Senhor: "Parem nas encruzilhadas e olhem ao redor, perguntem qual é o caminho antigo, o bom caminho; andem por ele e encontrarão descanso para a alma. Vocês, porém, respondem: 'Não é esse o caminho que queremos seguir'. [...] Ouça, toda a terra: Trarei calamidade sobre meu povo. Será fruto de suas próprias intrigas, pois não querem me ouvir; rejeitaram a minha lei".
>
> JEREMIAS 6.16,19

A consequência para qualquer nação que se esqueça de Deus e de seus caminhos é grave. Embora você e eu, assim como milhões de outros cristãos, não tenhamos abandonado Deus e seus caminhos, muitos outros o fizeram. Deus nos dá, no entanto, um meio de responder a suas advertências de juízo, confessando os pecados de nosso país e pedindo que restaure nossa terra: "Se meu povo, que se chama pelo meu nome, humilhar-se e orar, buscar minha presença e afastar-se de seus maus caminhos, eu os ouvirei dos céus, perdoarei seus pecados e restaurarei sua terra" (2Cr 7.14).

Ele não disse que todos de uma nação devem ser perfeitos. Se fosse esse o caso, nação alguma seria abençoada. Podemos, entretanto, ser aquela pessoa disposta a orar. Ezequiel descreveu a triste situação em que não foi possível encontrar ninguém que orasse. "Procurei alguém que reconstruísse o muro que guarda a terra, que se pusesse na brecha para que eu não a destruísse, mas não encontrei ninguém" (Ez 22.30).

Podemos nos colocar na brecha em favor de nossa nação impenitente. Que muitos outros cristãos possam seguir nosso exemplo.

Senhor, venho humildemente diante de ti confessar os pecados da minha nação. Oro para que muitos outros se juntem a mim para caminhar de acordo com a tua lei, a fim de que o desastre seja evitado em nossa terra.

DEUS NOS DÁ UM MEIO DE RESPONDER A SUAS ADVERTÊNCIAS DE JUÍZO, *confessando* OS PECADOS DE NOSSO PAÍS E PEDINDO QUE *restaure* NOSSA TERRA.

DIA 67 # Ore pela *cura*

LEIA JEREMIAS 17.14-18 E REFLITA

Ó SENHOR, SE ME CURARES, SEREI VERDADEIRAMENTE CURADO.

JEREMIAS 17.14

Quando você pede a Deus por cura, a ação provém *dele*. Cuidar do corpo é uma ação que cabe a *você*. Ambas são importantes.

Deus sabe que somos incapazes de agir perfeitamente. Foi por isso que enviou Jesus para nos curar. Entretanto, ele também nos chama para sermos bons mordomos do que ele nos dá, inclusive de nosso corpo. O Senhor deseja que vivamos com equilíbrio e moderação, que cuidemos do corpo, sem abusos de nenhum tipo, pois somos o templo de seu Espírito Santo.

Muitos de nós tendem a pensar: "Tudo o que tenho é do Senhor, exceto meus hábitos alimentares. Esses são meus". "Minha vida é do Senhor, mas meu corpo me pertence e posso fazer com ele o que achar melhor." No entanto, quando somos do Senhor, precisamos entregar-lhe *tudo*, incluindo o corpo.

Já ouvi pessoas dizerem: "Não me preocupo em cuidar do corpo, pois, se adoecer, o Senhor pode curar-me". Esse tipo de pensamento presunçoso pode criar-nos problemas. O plano de Satanás para nossa vida é prejudicar-nos o máximo possível. E nós o ajudamos com esse tipo de atitude. Sabotamos nossa vida quando não fazemos o melhor para o corpo e a saúde.

Peça a Deus que ajude você a resistir ao que a prejudica e a ter disciplina suficiente para agir de modo correto. Deus a ama e a valoriza, e ele deseja que você também se ame e se valorize.

Ainda que nos esforcemos em cuidar-nos, adoecer é uma possibilidade, e precisamos de Jesus para curar-nos. Não hesite em pedir-lhe o toque de cura.

Senhor, obrigada porque, na tua misericórdia, entendeste quanto precisamos da cura que vem de tua mão. Peço que o teu toque curador esteja sobre o meu corpo hoje e sempre que precisar dele. Ao mesmo tempo, peço a tua orientação e sabedoria para saber como cuidar do meu corpo.

QUANDO VOCÊ PEDE A DEUS POR *cura*, A AÇÃO PROVÉM DELE. *Cuidar* DO CORPO É UMA AÇÃO QUE CABE A VOCÊ. AMBAS SÃO IMPORTANTES.

DIA 68

Os planos de Deus *exigem que oremos*

LEIA JEREMIAS 29.4-14 E REFLITA

"PORQUE EU SEI OS PLANOS QUE TENHO PARA VOCÊS", DIZ O SENHOR. "SÃO PLANOS DE BEM, E NÃO DE MAL, PARA LHES DAR O FUTURO PELO QUAL ANSEIAM."

JEREMIAS 29.11

Jeremias tinha notícias da parte de Deus para o povo. Uma era má: eles permaneceriam cativos setenta anos na Babilônia (29.10). A boa notícia era que, passado esse período, Deus traria seu povo de volta para casa. Mas isso também significava que toda uma geração nasceria e morreria antes que a promessa se realizasse.

Os planos de Deus, às vezes, levam muito tempo para se realizar. Por isso é tão importante lembrar que um futuro cheio de esperança e bênção não acontece automaticamente. Há coisas que precisamos fazer.

A primeira é buscar a Deus e orar sobre nosso futuro. "Naqueles dias, quando vocês clamarem por mim em oração, eu os ouvirei. Se me buscarem de todo o coração, me encontrarão" (Jr 29.12-13).

A segunda é sermos diligentes na obediência a Deus. Cada passo de obediência nos conduzirá ao futuro que Deus planejou. "'Este é o caminho pelo qual devem andar', quer se voltem para a direita, quer para a esquerda" (Is 30.21). O Espírito Santo é a garantia de que Deus nos ajudará a fazer o que é necessário para concretizar o que ele prometeu. "Agora vocês também ouviram a verdade, as boas-novas da salvação. E, quando creram em Cristo, ele colocou sobre vocês o selo do Espírito Santo que havia prometido. O Espírito é a garantia de nossa herança, até o dia em que Deus nos resgatará como sua propriedade, para o louvor de sua glória" (Ef 1.13-14).

Cada vez que você busca e obedece a Deus, está investindo em seu futuro. Confie nele. Deus cumpre o que promete.

Senhor, eu te agradeço porque teus planos para mim são de fazer-me prosperar e dar esperança. Peço que me ajudes a seguir em obediência, para o louvor da tua glória.

CADA VEZ QUE VOCÊ BUSCA E *obedece* A DEUS, ESTÁ INVESTINDO EM SEU FUTURO. *Confie* NELE. DEUS CUMPRE O QUE PROMETE.

DIA 69

O propósito *de Deus*

LEIA JEREMIAS 29 E REFLITA

NAQUELES DIAS, QUANDO VOCÊS CLAMAREM POR MIM EM ORAÇÃO, EU OS OUVIREI. SE ME BUSCAREM DE TODO O CORAÇÃO, ME ENCONTRARÃO.

JEREMIAS 29.12-13

Deus deseja que vivamos plenamente, para sua glória. Quando lhe entregamos nossa vida, encontramos cura. Cura das dores do passado. Cura do medo e da ansiedade diante do futuro. Sentimo-nos restaurados, livres para cumprir o propósito dele para nossa vida.

É na presença de Deus que aprendemos a pensar com clareza e a agir corretamente; a usar palavras que trazem vida, em vez de morte, aos relacionamentos; a fazer escolhas e a tomar decisões acertadas; a tornar-nos, enfim, mais produtivos e frutíferos.

Quando nos colocamos diante dele em oração e compreendemos seus propósitos, sentimos o conforto, a direção, a paz, o amor, a alegria, o contentamento, o perdão, a esperança e a libertação que apenas ele pode conceder. Sentimo-nos livres daquelas emoções negativas que durante anos nos sufocaram e aprisionaram.

A oração nos aproxima de Deus, tornando-nos dependente dele. Em oração, buscamos comunhão, sabedoria, amor pelo próximo, perdão. Em oração, agradecemos pelas bênçãos, pelos livramentos, pela orientação, pelo socorro. Em oração, pedimos por aqueles que precisam de salvação, de auxílio, de cura. Quanto mais estamos com Deus, mais precisamos estar. Maior é a dependência dele, pois Deus continua a fazer sua obra em cada um de nós.

Lembre-se: todos precisamos mais da plenitude do Pai, porque ele tem a nos oferecer muito além do que somos capazes de imaginar.

Senhor, ajuda-me a ter paciência e a não esmorecer enquanto espero tua resposta a minhas orações. Sempre que vierem dúvidas quanto ao futuro, ajuda-me a lembrar que tenho um chamado e um propósito que recebi de ti.

QUANTO MAIS ESTAMOS COM DEUS,
MAIS *precisamos* ESTAR.

DIA 70

Cubra seus filhos *com oração*

LEIA LAMENTAÇÕES 3 E REFLITA

O AMOR DO SENHOR NÃO TEM FIM! SUAS MISERICÓRDIAS SÃO INESGOTÁVEIS. GRANDE É SUA FIDELIDADE; SUAS MISERICÓRDIAS SE RENOVAM CADA MANHÃ. DIGO A MIM MESMO: "O SENHOR É MINHA PORÇÃO; POR ISSO, ESPERAREI NELE!".

LAMENTAÇÕES 3.22-24

Uma parte importante de sua tarefa como mãe, pai ou responsável por uma criança é apresentar, em oração ao Senhor, os detalhes da vida de seu filho. Como pais, pedimos a Deus pela saúde, pela segurança, pelo crescimento, pela fé e pelo caráter de nossos filhos. Ao desenvolver esse hábito, aprendi a identificar preocupações, medos ou possíveis situações que me vinham à mente como oportunidades para orar. Sempre que eu cobria meus filhos com orações e os entregava nas mãos de Deus, o Senhor me libertava dessas preocupações.

Deus não promete poupar nossos filhos de todo mal, mas, quando oramos, participamos da obra de Deus na vida deles e, como consequência, podemos descansar no Senhor e desfrutar de mais paz.

A tarefa de ser pais e de educar exige força, paciência e amor. Muitas pessoas, porém, se sentem esgotadas com tal demanda e acabam enfraquecidas em algum momento. Se você estiver vivenciando uma situação parecida, peça ao Senhor força, paciência e uma porção generosa de seu amor fluindo através de você. Deus pode ensinar-lhe amar como ele ama.

Senhor, sei que educar um filho em teus caminhos é uma tarefa que está além de minha capacidade humana, e, por isso, preciso de tua ajuda. Como Jeremias, peço que renoves tua misericórdia a cada manhã em minha vida.

DEUS NÃO PROMETE POUPAR NOSSOS FILHOS DE TODO MAL, MAS, QUANDO ORAMOS, PARTICIPAMOS DA OBRA DE DEUS NA VIDA DELES E, COMO CONSEQUÊNCIA, *podemos descansar* NO SENHOR E DESFRUTAR DE MAIS PAZ.

DIA 71

Até quando, *Senhor?*

LEIA HABACUQUE 1.1-11 E REFLITA

ATÉ QUANDO, SENHOR, TEREI DE PEDIR
SOCORRO? TU, PORÉM, NÃO OUVES. CLAMO:
"HÁ VIOLÊNCIA POR TODA PARTE!",
MAS TU NÃO VENS SALVAR.
HABACUQUE 1.2

É interessante notar que Habacuque tinha a mesma opinião dos cristãos de hoje sobre a sociedade. Parece não haver justiça contra os perversos.

Diante de determinada situação você talvez se pergunte: "Onde está Deus nisso? Por que coisas ruins acontecem a pessoas boas? Como os malfeitores não são punidos?!". Habacuque viu o mal a seu redor e clamou a Deus por respostas. Embora não duvidasse da onipotência de Deus, ele não compreendia por que o Senhor permitia que o pecado continuasse a reinar no mundo. Deus respondeu ao profeta, dizendo-lhe o que pretendia fazer.

Hoje, a injustiça, o mal e o pecado ainda parecem prosperar, mas não porque Deus seja indiferente. Ele tem um plano e deseja que participemos dele pela oração. Quando você se entristecer pelos acontecimentos, derrame diante de Deus suas preocupações, em oração. Ore para que você e seus amigos cristãos possam ser luz em um mundo sombrio, levando a esperança e a paz de Jesus àqueles com quem interagem.

Habacuque sabia que precisava perseverar em todas as situações. E nós também. "Ainda que a figueira não floresça e não haja frutos nas videiras, ainda que a colheita de azeitonas não dê em nada e os campos fiquem vazios e improdutivos, ainda que os rebanhos morram nos campos e os currais fiquem vazios, mesmo assim me alegrarei no SENHOR; exultarei no Deus de minha salvação!" (3.17-18).

Senhor, ajuda-me a confiar em ti mesmo quando as coisas parecem injustas. Ajuda-me a continuar orando até que tua vontade seja feita.

A INJUSTIÇA, O MAL E O PECADO AINDA PARECEM PROSPERAR, MAS NÃO PORQUE DEUS SEJA INDIFERENTE. Ele tem um plano E DESEJA QUE PARTICIPEMOS DELE PELA ORAÇÃO.

DIA 72

Não negligencie o *caminhar com Deus*

LEIA AGEU 1.1-11 E REFLITA

VOCÊS ESPERAVAM COLHEITAS FARTAS, MAS ELAS FORAM ESCASSAS. E, QUANDO TROUXERAM ESSE POUCO PARA CASA, EU O FIZ DESAPARECER COM UM SOPRO. POR QUÊ? PORQUE MINHA CASA CONTINUA EM RUÍNAS, DIZ O SENHOR DOS EXÉRCITOS, ENQUANTO VOCÊS ESTÃO OCUPADOS CONSTRUINDO SUAS CASAS.

AGEU 1.9

As pessoas acabavam de voltar a sua terra, depois do exílio na Babilônia. No entanto, em vez de esforçar-se para reedificar sua vida espiritual, reconstruindo o templo de Deus, preocupavam-se com a condição de sua casa. Interessavam-se mais pelo que os outros poderiam pensar do que com o tempo gasto em comunicar-se com Deus.

É uma advertência para nós! Não devemos nos preocupar com as aparências exteriores e com as buscas egoístas, mas com nosso coração e com aquilo que toca o coração de Deus. É importante buscar o Senhor em oração constantemente.

Ageu transmitiu palavras severas ao povo. Advertiu-lhe

que colocasse em ordem suas prioridades. Nós também devemos colocar Deus sempre em primeiro lugar e lembrar que qualquer tentativa de trabalhar para ele sem sua bênção e orientação será improdutiva. Nossos bens materiais não nos satisfarão como ele nos satisfaz.

Não permita que algo impeça você de ter seu período de oração diário. Faça tudo o que for necessário para estar com Deus. Peça-lhe que a ajude a não negligenciar seu relacionamento com ele. O que você faz no Espírito — louvor, adoração e oração — dura por toda a eternidade.

Deus, ajuda-me a não me preocupar com a aparência exterior, com buscas egoístas e com a condição de minha própria casa, mas que, em vez disso, me preocupe com o crescimento espiritual, o serviço altruísta e a condição da tua casa. Quero sempre ter minhas prioridades na ordem correta, de modo que minha caminhada contigo continue sendo mais próxima e mais profunda.

FAÇA TUDO O QUE FOR NECESSÁRIO PARA *estar com Deus*. O QUE VOCÊ FAZ NO ESPÍRITO — LOUVOR, ADORAÇÃO E ORAÇÃO — DURA POR TODA A *eternidade*.

DIA 73 # Desfrute de um *momento a sós com Deus*

LEIA MATEUS 6.5-6 E REFLITA

QUANDO ORAREM, CADA UM VÁ PARA SEU QUARTO, FECHE A PORTA E ORE A SEU PAI, EM SEGREDO. ENTÃO SEU PAI, QUE OBSERVA EM SEGREDO, OS RECOMPENSARÁ.

MATEUS 6.6

O salmista diz que é bom e agradável que os irmãos vivam em união (Sl 133.1). Viver em união também implica orar em conjunto (Mt 18.20). As orações das pessoas são vitais e podem nos ajudar a sobreviver, mas, para que sintamos realmente a plenitude da presença de Deus em nossa vida, temos de ter um tempo a sós com ele todos os dias. Quanto mais tempo passarmos sozinhos com Deus, mais poderosas nossas orações serão quando orarmos com os outros. Você será uma parceira de oração mais eficiente se não tiver negligenciado seu tempo a sós com o Senhor.

Precisamos definir o momento do dia que passaremos a sós com Deus. Faça disso um bom hábito. Peça a Deus que a *ajude* a separar o tempo de que você precisa para passar com ele. O Senhor lhe mostrará o que pode ser eliminado de sua agenda ou, pelo menos, o que você pode eliminar a ponto de lhe proporcionar de vinte a trinta minutos extras.

Seu tempo de oração pessoal com Deus é o fundamento para todos os demais tipos de oração eficazes. Isso não quer dizer que, até ter passado um tempo a sós com Deus, você não possa orar com outras pessoas. Nós já passamos por situações em que os problemas de nossa vida eram tão grandes que éramos sustentados apenas pelas orações das pessoas. Mas, a fim de prosseguir nas coisas de Deus, temos de estabelecer nosso período de oração pessoal com o Senhor.

Aprenda a ser *parceira* de Deus. Se você é parceira de Deus quando está a sós com ele, experimentará mais poder em suas orações quando for parceira de outros.

Pai celestial, apresento meu dia e peço-te que o abençoes. Ajuda-me principalmente a separar um tempo especial para estar contigo.

SEU *tempo* DE ORAÇÃO PESSOAL COM DEUS É O *fundamento* PARA TODOS OS DEMAIS TIPOS DE ORAÇÃO EFICAZES.

DIA 74

Jesus nos *ensina a orar*

LEIA MATEUS 6.9-13 E REFLITA

PORTANTO, OREM DA SEGUINTE FORMA: PAI NOSSO QUE ESTÁS NO CÉU, SANTIFICADO SEJA O TEU NOME. VENHA O TEU REINO. SEJA FEITA A TUA VONTADE, ASSIM NA TERRA COMO NO CÉU. DÁ-NOS HOJE O PÃO PARA ESTE DIA, E PERDOA NOSSAS DÍVIDAS, ASSIM COMO PERDOAMOS OS NOSSOS DEVEDORES. E NÃO NOS DEIXES CAIR EM TENTAÇÃO, MAS LIVRA-NOS DO MAL.

MATEUS 6.9-13

Essa oração é conhecida em todo o mundo. Alguns a chamam de "Pai-nosso" ou "oração do Senhor", porque foi assim que Jesus nos ensinou a orar. Ele não queria que as palavras fossem repedidas. Pelo contrário, trata-se de um modelo de oração.

Pai nosso, que estás nos céu, santificado seja o teu nome. Deus é santo e deve ser reverenciado. Ele não só é Senhor do céu e da terra, como é nosso Pai celestial.

Venha o teu Reino. Seja feita a tua vontade, assim na terra como no céu nos lembra o desejo de Deus de orarmos para que a vontade dele nos dirija e reine em nosso mundo.

Dá-nos hoje o pão para este dia manifesta nossa dependência de Deus. Tudo que temos veio de sua mão. Tudo que precisaremos virá à medida que o busquemos.

Perdoa nossas dívidas, assim como perdoamos os nossos devedores é uma declaração de que não só devemos pedir perdão a Deus como perdoar de boa vontade os que pecaram contra nós.

E não nos deixes cair em tentação, mas livra-nos do mal. Há um inimigo de nossa alma cujo maior prazer é derrotar-nos. Jesus pagou um preço enorme para que pudéssemos ser livres.

... porque teu é o Reino, o poder e a glória para sempre. Amém. Tudo o que Deus é e tudo o que faz vive para sempre. Nunca houve e nunca haverá nada maior que Deus em todo o universo.

Pai celestial, peço que reines em minha vida e governes este mundo. Dependo da tua provisão, do teu perdão e da tua proteção contra o inimigo.

O PAI-NOSSO OU oração do Senhor É COMO JESUS NOS ENSINOU A ORAR.

DIA 75

Coloque a vida *em ordem*

LEIA MATEUS 10.32-42 E REFLITA

QUEM SE APEGAR À PRÓPRIA VIDA A PERDERÁ; MAS QUEM ABRIR MÃO DE SUA VIDA POR MINHA CAUSA A ENCONTRARÁ.

MATEUS 10.39

O Senhor é um Deus de ordem. Podemos comprovar essa verdade no universo que ele criou, onde nada é aleatório ou acidental. A mesma realidade deve refletir-se em nossa vida. Quando oramos a esse respeito, Deus nos ajuda a organizar todas as coisas. Mostra como viver em obediência e assim glorificar o Pai que está nos céus. Damos um passo importante em direção ao que Deus tem para nós.

Quando nossa vida não está em ordem, deixamos de receber as bênçãos de Deus. No entanto, se o buscarmos em primeiro lugar, todas as coisas de que necessitamos nos serão acrescentadas.

Muitas pessoas hoje em dia podem considerar perda de tempo reservar alguns momentos do dia para oração ou buscar conhecer a Deus e sua vontade em sua Palavra. Porém, o que pode parecer perda para uns, a Bíblia assegura que é ganho. Jesus afirmou: "quem abrir mão de sua vida por minha causa a encontrará" (Mt 10.39).

Seu relacionamento com o Senhor deve sempre ocupar o primeiro lugar. Deus estava falando sério quando ordenou: "Não tenha outros deuses além de mim" (Êx 20.3). Ele quer nossa atenção total. Busque-o em primeiro lugar a cada dia e peça-lhe que ajude você a pôr sua vida em ordem. Ele ouvirá sua oração.

Senhor, peço tua ajuda para pôr minha vida em ordem e que me mantenhas sob tua proteção. A cada dia, quero exaltar-te acima de todas as coisas e considerar o resto secundário.

O SENHOR É um Deus de ordem. NO UNIVERSO QUE ELE CRIOU, NADA É ALEATÓRIO OU ACIDENTAL. A MESMA REALIDADE DEVE REFLETIR-SE EM NOSSA VIDA.

DIA 76

O valor do tempo *a sós com Deus*

LEIA MATEUS 14.22-23 E REFLITA

DEPOIS DE MANDÁ-LAS [AS MULTIDÕES] PARA CASA, JESUS SUBIU SOZINHO AO MONTE A FIM DE ORAR. QUANDO ANOITECEU, ELE AINDA ESTAVA ALI, SOZINHO.

MATEUS 14.23

Há exemplos em todo o evangelho do valor que Jesus dava à solitude. Ele ficava o dia todo cercado pelos discípulos, a quem ensinava e treinava, e pelas multidões de pessoas famintas de seu toque. Embora fosse Deus, Jesus era também humano. A fim de reunir forças para ministrar, ele precisava fazer da oração uma prioridade. Embora ficasse sozinho muitas vezes, Jesus nunca se sentia solitário. Ele sempre passava tempo com Deus.

Se Jesus dependia de períodos regulares de afastamento para comunicar-se com Deus, em solitude, quanto mais precisamos tornar prioritários esses momentos de tranquilidade em nossa vida?

Falamos frequentemente de "achar" tempo para estar a sós com Deus em nossa agenda superlotada. Devemos mudar o foco da *tentativa* de abrir um espaço para o ato de abrir um espaço. Ouvi falar de uma mãe que todos os dias fazia uma pausa e colocava o avental na cabeça. Quando os filhos a viam assim, sabiam que era o tempo da mamãe a sós com Deus! Não importa como façamos isso, o que importa é que façamos.

Se você acha difícil abrir espaço para a solitude, lembre-se de que seu Pai deseja e espera passar tempo com você. "Pois o SENHOR, seu Deus, está em seu meio; ele é um Salvador poderoso. Ele se agradará de vocês com exultação e acalmará todos os seus medos com amor; ele se alegrará em vocês com gritos de alegria!" (Sf 3.17). Não deixe Deus esperar.

Quer você esteja rodeada por uma família ruidosa, quer viva inteiramente isolada, alegre-se em "produzir" tempo para ficar a sós com Deus. "Só" nunca significa "solitário" quando você tem o Senhor em sua vida!

Senhor, ajuda-me a encontrar o tempo de que preciso a cada dia para estar contigo. Ajuda-me a conseguir um lugar de paz e tranquilidade onde possa ouvir tua voz falando ao meu coração.

"SÓ" NUNCA SIGNIFICA "SOLITÁRIO" QUANDO VOCÊ TEM O *Senhor* EM SUA *vida!*

DIA 77

Criando uma *sinfonia de oração*

LEIA MATEUS 18.18-20 E REFLITA

Também lhes digo que, se dois de vocês concordarem na terra a respeito de qualquer coisa que pedirem, meu Pai, no céu, os atenderá.

Mateus 18.19

Uma das coisas que precisamos aprender sobre orar com outros é a necessidade de união. Jesus disse que se "concordarem [...] será feito". A palavra *concordar* é muito importante nesse texto. O termo grego para "unidade" é *sumphoneo*, de onde vem "sinfonia".

Em primeiro lugar, devemos concordar quanto aos fundamentos da fé. O principal entre eles é que Jesus é "o caminho, a verdade e a vida" e "ninguém pode vir ao Pai senão por mim [Jesus]" (Jo 14.6). Devemos concordar também que a Bíblia é infalível e inspirada por Deus. Que Jesus nasceu de uma virgem e viveu sem pecado, que morreu pelos nossos pecados e ressurgiu dos mortos, e que todo aquele que crer nele terá a vida eterna.

Segundo, precisamos concordar sobre o que pedimos a Deus. Por exemplo, se o seu casamento está naufragando, você pode orar com seu cônjuge ou com um amigo ou uma amiga e concordar que o casamento é uma aliança ordenada por Deus.

A Bíblia diz que uma única pessoa pode perseguir mil, e duas podem fazer dez mil fugirem (Dt 32.30). Duas ou mais pessoas podem ser poderosas quando se unem e concordam em oração.

A unidade no corpo de Cristo é da máxima importância para Deus, e a unidade em oração é parte essencial disso. Jesus orou por todos os cristãos: "Que eles experimentem unidade perfeita, para que todo o mundo saiba que tu me enviaste e que os amas tanto quanto me amas" (Jo 17.23).

Quando concordamos em oração, as palavras criam uma rica sinfonia de intercessão. Nada é mais bonito aos ouvidos do Senhor do que o som das orações unificadas de seu povo.

Senhor, ajuda-me a encontrar irmãs e irmãos com os quais concorde em oração. Peço parceiros e parceiras de oração para colocar em fuga os inimigos que atacarem nossa vida.

QUANDO *concordamos* EM ORAÇÃO, AS PALAVRAS CRIAM UMA RICA SINFONIA DE *intercessão*.

DIA 78 **Por que a oração *funciona***

LEIA LUCAS 11.5-8 E REFLITA

EU LHES DIGO QUE, EMBORA ELE NÃO O FAÇA POR AMIZADE, SE VOCÊ CONTINUAR A BATER À PORTA, ELE SE LEVANTARÁ E LHE DARÁ O QUE PRECISA POR CAUSA DA SUA INSISTÊNCIA.

LUCAS 11.8

A parábola em Lucas 11.5-8 sobre a oração nos dá uma ideia de como Jesus espera que oremos: corajosamente. Vejamos algumas razões para orar com confiança:

A oração funciona por causa do que Jesus fez. Quando oramos estamos aplicando a vitória de Jesus na cruz. Há coisas que ele quer que façamos: que levemos saúde onde há doença, amor onde há medo, perdão onde há condenação e revelação onde há cegueira espiritual. A Palavra de Deus revela que isso poderá ser alcançado quando oramos.

A oração funciona porque vivemos de acordo com os caminhos de Deus. Para que as orações sejam respondidas, precisamos andar em obediência às leis divinas. O privilégio de orar corajosamente baseia-se em nosso relacionamento com o Pai. E ele nos chamou para andarmos como filhos obedientes.

A oração funciona porque não hesitamos em pedir. Ser corajoso em oração não significa invadir a sala do trono de Deus e exigir o que achamos que merecemos, mas reconhecer que Deus quer que façamos mais do que consideramos possível (Ef 3.20). Devemos orar todo o tempo a respeito de tudo, sabendo que Deus não tem limites e nunca está ocupado demais.

A oração funciona porque Deus assim a estabeleceu. Deus diz que, se orarmos, ele se moverá em nosso favor e fará o impossível por nós. Ele quer que influenciemos nosso pedaço de mundo orando sem cessar e com ousadia.

Senhor, ajuda-me a ser ousada em oração. Ajuda-me a crer que a oração funciona, de modo que tenha confiança suficiente para pedir grandes coisas, ciente de que responderás.

A ORAÇÃO FUNCIONA POR CAUSA DO QUE JESUS FEZ, PORQUE *vivemos* DE ACORDO COM OS CAMINHOS DE DEUS, PORQUE *não hesitamos* EM PEDIR E PORQUE DEUS ASSIM A ESTABELECEU.

DIA 79

Ore para que a sua *fé não desfaleça*

LEIA LUCAS 22.24-34 E REFLITA

SUPLIQUEI EM ORAÇÃO POR VOCÊ, SIMÃO, PARA QUE SUA FÉ NÃO VACILE. PORTANTO, QUANDO TIVER SE ARREPENDIDO E VOLTADO PARA MIM, FORTALEÇA SEUS IRMÃOS.

LUCAS 22.32

Jesus orou para que Pedro não perdesse a fé. Ele lhe disse isso durante a última refeição da Páscoa juntos, a Última Ceia, pouco antes de revelar que Pedro o negaria. O apóstolo falhou em um teste importante, mas, por fim, sua fé não desfaleceu. Pedro poderia ter desistido e se ocultado, com medo, recusando-se a atender ao chamado de Deus. Afinal, ele negara o próprio Filho de Deus. A sua fé, porém, não se alicerçava em obras, perfeição ou nele mesmo, mas em Jesus. Pedro continuou firme e veio a liderar a igreja do primeiro século, mesmo depois do seu fracasso na noite do julgamento de Jesus. A oração de Jesus foi respondida. Pedro não perdeu a fé.

A oração de Jesus nos mostra que, se a fé não falhar, podemos suportar as dificuldades, enfrentar tentações e até errar às vezes, mas no final podemos ser instrumentos de Deus para fazer grandes coisas. A fé se assemelha aos alicerces de uma casa. Se a base ceder, a casa cairá. Ore para que sua fé não falhe, para que os alicerces continuem sólidos.

Ore também em favor de outros. Quando não souber sobre que orar por alguém — seja porque as necessidades são muitas ou por desconhecer o problema —, ore para que a fé dessa pessoa não desfaleça. Quem dentre nós não precisa fortalecer a fé?

Deus Pai, peço que minha fé não falhe quando for colocada à prova. Ajuda-me a resistir à dúvida e ao medo, de modo que seus fundamentos sejam firmemente construídos em Cristo e, portanto, ela não desabe. Capacita-me a ser uma pessoa cuja forte fé em ti fortaleça os outros.

A *fé* SE ASSEMELHA AOS ALICERCES DE UMA CASA. SE A *base* CEDER, A CASA CAIRÁ.

DIA 80

Desfrute do poder *da oração*

LEIA LUCAS 24.45-49 E REFLITA

AGORA, ENVIO A VOCÊS A PROMESSA DE MEU PAI. MAS FIQUEM NA CIDADE ATÉ QUE SEJAM REVESTIDOS DO PODER DO CÉU.

LUCAS 24.49

O começo da minha vida cristã foi incrível. Sentia-me crescer nas coisas de Deus cada semana. Estava aprendendo a caminhar com o Senhor e a orar ao *Deus do impossível.*

Como sua filha, tenho o direito de chegar ao Pai celestial em oração (Jo 1.12; Hb 10.19). Mas também sou responsável pelo meu lado da parceria com Deus na oração. Se não usarmos a chave da oração, é bem provável que nada aconteça. Não haverá nada liberado ou desbloqueado.

A oração é uma arma eficaz e poderosa. O problema é que, às vezes, deixamos de usar essa arma que nos disponibiliza o poder de Deus. Deparamo-nos com uma situação e nos esquecemos de usar a oração para nos mover poderosamente em meio às circunstâncias e através delas.

Frequentemente, achamos que o poder da oração não está disponível a pessoas comuns como nós. Mas Deus diz que ele é para todo aquele que o ama de todo seu ser e que ama ao próximo como a si mesmo. O poder de Deus está sempre disponível, mas, se não usamos a chave da oração, não nos apropriaremos desse poder para nossa vida.

É a vontade de Deus esperar por nosso convite. Se orarmos e convidarmos o poder soberano de Deus a se manifestar, ele se moverá em poder. Assim, seu reino entrará em nossa vida, nas circunstâncias e operará aquilo que ele desejou para nós lá nos céus. Quando compreendermos isso, nos inspiraremos a orar mais e mais.

Senhor, sei que não é por minha força ou sabedoria que coisas poderosas acontecem em minha vida. Sei que tu és a fonte desse poder. Que teu Espírito Santo encha mais uma vez minha vida e flua livremente através de mim. Confio em ti para realizar além de tudo o que posso pensar ou imaginar. Ajuda-me a compreender a grandeza de teu poder.

SE ORARMOS E CONVIDARMOS O PODER *soberano* DE DEUS A SE MANIFESTAR, ELE SE MOVERÁ EM *poder*.

DIA 81

Cultive seu *relacionamento com Deus*

LEIA JOÃO 7.25-44 E REFLITA

NO ÚLTIMO DIA, O MAIS IMPORTANTE DA FESTA, JESUS SE LEVANTOU E DISSE EM ALTA VOZ: "QUEM TEM SEDE, VENHA A MIM E BEBA! POIS AS ESCRITURAS DECLARAM: 'RIOS DE ÁGUA VIVA BROTARÃO DO INTERIOR DE QUEM CRER EM MIM'".

JOÃO 7.37-38

Quando não reservo tempo suficiente para estar a sós com Deus, fico desgastada e não consigo prosseguir. Sinto-me como uma casca de ovo, que se quebra com facilidade sob qualquer pressão externa. Sei que preciso de maior intimidade com Deus e que nada neste mundo é mais importante. Somente a presença divina pode satisfazer meus anseios.

Todas as vezes que percebo que desviei meu olhar do Senhor e focalizei minhas circunstâncias, a primeira coisa que faço é pedir-lhe que me ajude a reverter esse processo e olhar fixamente para ele.

Davi, que foi considerado um homem segundo o coração de Deus, escreveu: "O SENHOR é minha luz e minha salvação;

então, por que ter medo? O Senhor é a fortaleza de minha vida; então, por que estremecer?" (Sl 27.1). O cuidado em cultivar um relacionamento adequado com Deus fez de Davi um dos personagens bíblicos mais destemidos.

É essencial guardar e proteger seu relacionamento pessoal com Deus, em oração. Ore sobre todos os aspectos de sua vida a fim de permanecer espiritualmente ancorado nas promessas de Deus para você. Desse modo, poderá manter os olhos fixos em quem o Senhor é e no propósito dele para sua vida.

Senhor, serei forte e corajosa, pois sei que estás comigo aonde quer eu vá. Uma vez que recebi um reino inabalável, sou agradecida e desejo adorar-te com reverência e temor todos os dias de minha vida.

O CUIDADO EM CULTIVAR UM *relacionamento* ADEQUADO COM DEUS FEZ DE *Davi* UM DOS PERSONAGENS BÍBLICOS MAIS DESTEMIDOS.

DIA 82

A oração de Jesus *por você*

LEIA JOÃO 17.20-26 E REFLITA

NÃO TE PEÇO APENAS POR ESTES DISCÍPULOS, MAS TAMBÉM POR TODOS QUE CRERÃO EM MIM POR MEIO DA MENSAGEM DELES. MINHA ORAÇÃO É QUE TODOS ELES SEJAM UM, COMO NÓS SOMOS UM, COMO TU ESTÁS EM MIM, PAI, E EU ESTOU EM TI. QUE ELES ESTEJAM EM NÓS, PARA QUE O MUNDO CREIA QUE TU ME ENVIASTE.

JOÃO 17.20-21

Você sabia que Jesus orou por você e por mim? Nessa passagem de João, Jesus intercedia por seus seguidores, mas também falava a todo cristão no correr dos séculos.

Nós que passamos a crer em Jesus podemos voltar no tempo e ouvir esse momento em que o Senhor orou por nós. Estávamos em sua mente enquanto ele se preparava para entregar a vida a fim de prover perdão para os nossos pecados.

Jesus orou por nós para que tivéssemos unidade com outros cristãos de diferentes nações, culturas, tempos e lugares. Ele orou também por nós para que tivéssemos unidade com ele, com o Pai e com o Espírito Santo, a fim de que nossa vida convencesse outros de quem ele é. Jesus declarou seu amor por nós e prometeu compartilhar sua glória conosco. Ele orou por nossa salvação, a fim de que pudéssemos estar com ele para sempre, e prometeu continuar a se revelar a nós para que experimentássemos cada vez mais seu amor.

Enquanto orava séculos atrás, Jesus pensava em você. Ele vive hoje e todos os dias para "interceder" por você (Hb 7.25). Seu desejo é que você se torne um com ele e com outros cristãos, para que aqueles que virem você creiam nele. Ore para que sempre seja um com ele e um com outros irmãos. Agradeça a Jesus por ter orado por você.

Senhor Jesus, capacita-me a sempre estar unida a outros crentes, não importando de qual igreja, raça, cultura, denominação, cidade, estado ou país eles sejam. Usa essa união que tenho contigo e com os outros para que não crentes sejam atraídos a ti.

ENQUANTO ORAVA SÉCULOS ATRÁS,

Jesus pensava em você.

DIA 83 # Dedique-se à *oração*

LEIA ATOS 2.42-47 E REFLITA

Todos se dedicavam de coração ao ensino dos apóstolos, à comunhão, ao partir do pão e à oração.

ATOS 2.42

Quando Pedro pregou o evangelho às multidões, elas queriam saber o que deveriam fazer. Depois de se arrepender e ser batizadas, aquelas pessoas se dedicaram à aprendizagem, à confraternização, à comunhão e à oração. O que importava para os novos cristãos é igualmente importante para os de hoje. Estudar a Bíblia, passar tempo com outros cristãos e participar da comunhão são ações frequentes na igreja, mas podem ocorrer em qualquer lugar. Precisamos separar tempo para a oração, que muitas vezes fica relegada a segundo plano.

Como podemos nos dedicar à oração como aqueles primeiros cristãos? Eles certamente não desistiram do emprego nem das responsabilidades familiares para orar em tempo integral. Continuaram com sua vida em Cristo, mas ela ganhou novo foco — dedicaram-se à comunicação com

Deus! Sabiam que ele escutava quando oravam pelas próprias necessidades ou de outros.

Desde que nos levantamos pela manhã até que nos deitamos à noite, temos sempre uma linha direta e aberta com Deus. A qualquer hora que desejarmos, poderemos conversar com Deus, e ele nos ouvirá e responderá.

Onde quer que estejamos, em qualquer momento do dia ou da noite, quaisquer que sejam as necessidades que Deus nos coloque na mente, podemos orar cientes de que ele ouvirá e responderá. Isso é dedicar-se à oração. É assim que tornamos prioridade o diálogo com Deus.

Querido Deus, ajuda-me a ser diligente no estudo da tua Palavra. Capacita-me a manter uma linha direta contigo, orando de maneira constante e dedicada.

QUAISQUER QUE SEJAM AS NECESSIDADES QUE DEUS NOS COLOQUE NA MENTE, PODEMOS ORAR CIENTES DE QUE ELE *ouvirá* E *responderá*. ISSO É DEDICAR-SE À ORAÇÃO.

DIA 84 # Orando pelos servos *e líderes espirituais*

LEIA ATOS 6.1-7 E REFLITA

ESSES SETE FORAM APRESENTADOS AOS APÓSTOLOS, QUE ORARAM POR ELES E LHES IMPUSERAM AS MÃOS.
ATOS 6.6

As pessoas que trabalham no ministério em tempo integral precisam de nosso apoio em oração. Esses homens escolhidos para cuidar do ministério da alimentação eram espiritualmente sábios e estavam prestes a aceitar uma grande responsabilidade. O trabalho deles permitiria que os apóstolos se concentrassem na pregação e no ensino.

Todo serviço na igreja é importante, como indica o zelo na escolha dos que passaram a chefiar o programa de alimentação na igreja primitiva. Tinham de ser "cheios do Espírito e de sabedoria" (v. 3). A oração dos apóstolos e a imposição de mãos sobre esses homens significavam separação para prestar um serviço especial a Deus (Nm 27.22-23; Dt 34.9).

Escolher com cuidado os obreiros para a igreja e orar por eles é importante porque os ataques de Satanás são dirigidos primeiro aos que estão fazendo diferença para a causa de

Cristo. Você já reparou que, quando uma igreja está ganhando almas, os ataques parecem vir de todos os lados?

Ore pelo professor de escola dominical cuja classe está cheia de crianças. Ore pela equipe pastoral, cujas decisões afetam toda a congregação. Ore pela equipe administrativa, que enfrenta o pesado fardo burocrático. Ore pelos voluntários. Ore para que cada uma dessas pessoas seja capaz de resistir às tentações e que ninguém caia nas armadilhas do inimigo.

Deus, peço que abençoes todos aqueles que exercem o ministério em tempo integral. Oro por meu pastor, pedindo que o abençoes de todas as maneiras. Oro por todos os outros pastores e líderes da minha igreja, pedindo que sejam abençoados por ti e conduzidos por teu Espírito.

ORAR PELOS OBREIROS DA IGREJA É *importante* PORQUE OS ATAQUES DE SATANÁS SÃO DIRIGIDOS PRIMEIRO AOS QUE ESTÃO FAZENDO *diferença* PARA A CAUSA DE CRISTO.

DIA 85

Mudando o mundo *com orações*

LEIA ATOS 13.1-3 E REFLITA

CERTO DIA, ENQUANTO ADORAVAM O SENHOR E JEJUAVAM, O ESPÍRITO SANTO DISSE: "SEPAREM BARNABÉ E SAULO PARA REALIZAREM O TRABALHO PARA O QUAL OS CHAMEI".

ATOS 13.2

Durante uma reunião de oração da igreja primitiva, o Senhor estabeleceu um plano que mudou o mundo (At 13.1-3). Os membros daquela congregação reconheceram que a mudança envolveria duas coisas: sua resposta ao Espírito Santo, que os levara a orar e jejuar, e a decisão de enviarem Barnabé e Saulo em missão.

É fato que a história mudou com base nessa reunião de oração. Qualquer análise histórica mostra que os eventos que moldaram o mundo como o conhecemos hoje, em especial a civilização ocidental, podem ser ligados diretamente a esse encontro de oração.

As pessoas que oram e têm consciência de sua nova identidade em Cristo definem o rumo da história em seu mundo.

A maior parte da igreja cristã de hoje pensa na fé em Jesus Cristo como fuga. Deus, porém, reafirma seu desejo de que sejamos instrumentos da redenção por meio da oração intercessora, e o ministério fluirá através dela.

Daí a importância dos períodos de oração com outros cristãos. Por isso, *é impossível crescer e desenvolver plenamente nosso potencial sozinhos*. A edificação de um povo para realizar a obra de Deus ocorre na igreja local, quando estamos ligados e crescendo com o restante do corpo de Cristo. É nesse contexto que descobrimos a finalidade de nossa criação.

Uma das coisas mais importantes sobre estar em uma família espiritual é descobrir o poder da oração por meio da unidade. Cristãos orando juntos podem mudar o mundo.

Senhor, sei que meu chamado é revelado em oração. Ajuda-me a estar no grupo de cristãos em que me queres de modo que eu possa orar com outros e que possa ser refinada pelo teu Espírito.

AS PESSOAS QUE ORAM E TÊM CONSCIÊNCIA DE SUA *nova identidade* EM CRISTO DEFINEM O RUMO DA HISTÓRIA EM SEU MUNDO.

DIA 86

Uma última *oração*

LEIA ATOS 21.1-16 E REFLITA

Ao fim de nosso tempo ali, voltamos ao navio, e toda a congregação, incluindo mulheres e crianças, saiu da cidade e nos acompanhou até a praia. Ali nos ajoelhamos, oramos e nos despedimos.

Atos 21.5-6

Paulo e alguns cristãos de Tiro tiveram oportunidade de reunir-se enquanto o apóstolo passava pela cidade, e compartilharam juntos durante uma semana. O Espírito Santo permitiu que esses cristãos previssem a perseguição que Paulo teria de suportar em Jerusalém e queriam a todo custo protegê-lo. O apóstolo, entretanto, sabia para onde o Senhor queria que ele fosse e não se deixou desviar desse propósito. Ao partir, todos os discípulos e a família deles o acompanharam até o navio, onde se ajoelharam na praia para orar, antes da despedida.

Esses amigos sabiam dos perigos que Paulo teria de enfrentar — e talvez também eles, pois as nuvens da perseguição já começavam a se formar. É possível que tenham orado pedindo segurança, mas certamente oraram também por direção e coragem para realizar o trabalho do Senhor. É igualmente provável que tenham orado para que Deus os reunisse outra vez. Sabemos que oraram uns pelos outros quando estavam separados — Paulo menciona isso em suas cartas.

Devemos nos lembrar de orar pelo cônjuge quando sai para o trabalho. Orar pelos filhos quando vão à escola ou ao trabalho. Orar pelos amigos quando cumprem suas tarefas diárias. Ou pelos hóspedes quando deixam nossa casa. A oração é a ferramenta mais importante que temos como cristãos; é nosso elo com Deus. Não a negligenciemos ao separar-nos de outras pessoas.

Querido Deus, ajuda-me a lembrar de orar pelas pessoas prestes a partir em viagem. Ajuda-me a ter a disciplina de orar diariamente pelos membros da minha família.

A ORAÇÃO É A FERRAMENTA MAIS IMPORTANTE QUE TEMOS COMO CRISTÃOS; É NOSSO ELO COM DEUS.

DIA 87

A oração faz *o amor florescer*

LEIA 2CORÍNTIOS 9.6-15 E REFLITA

E ELES ORARÃO POR VOCÊS COM PROFUNDO AFETO, POR CAUSA DA GRAÇA TRANSBORDANTE QUE DEUS CONCEDEU A VOCÊS.

2CORÍNTIOS 9.14

Orar uns pelos outros é algo poderoso. Cada vez que oramos em favor de alguém, nos sentimos mais ligados a essa pessoa. É exatamente como Paulo afirma — seu coração fica cheio de amor por quem está orando. Isso acontece porque Deus nos dá seu coração para amar.

Por isso orar pelos inimigos é bom. Não só enternece nosso coração como abre uma porta para que eles ouçam a Deus, e o coração deles se transforme. Se estamos zangados com alguém e não desejamos orar por ele, muros serão derrubados e haverá perdão se nos forçarmos a orar, mesmo que as consideremos não merecedoras.

A oração intercessora é poderosa em muitos níveis. Não só influencia situações e indivíduos, mas *nos* transforma durante o processo. Há uma pessoa difícil por quem precise orar?

Alguém magoou você? Peça ajuda a Deus para orar por essas pessoas. Ele lhe infundirá amor por elas, o que se tornará sua maior bênção!

Senhor, há certas pessoas pelas quais desejo orar porque sei que colocarás o teu amor por elas no meu coração. Ajuda-me a orar especialmente por quem me feriu. Eu te agradeço porque orar pelos outros muda não apenas a vida deles, mas a minha também.

ORAR PELOS INIMIGOS É BOM. NÃO SÓ ENTERNECE *nosso coração* COMO ABRE UMA PORTA PARA QUE ELES OUÇAM A DEUS, E O *coração deles* SE TRANSFORME.

DIA 88 # Arme-se para *a batalha*

LEIA EFÉSIOS 6.10-20 E REFLITA

VISTAM TODA A ARMADURA DE DEUS, PARA QUE POSSAM PERMANECER FIRMES CONTRA AS ESTRATÉGIAS DO DIABO [...]. OREM NO ESPÍRITO EM TODOS OS MOMENTOS E OCASIÕES. PERMANEÇAM ATENTOS E SEJAM PERSISTENTES EM SUAS ORAÇÕES POR TODO O POVO SANTO.

EFÉSIOS 6.11,18

As Escrituras nos dizem que nos achamos em uma guerra espiritual, e precisamos estar completamente cobertos pela armadura de Deus. A partir do momento em que nos tornamos cristãos, o inimigo inicia o ataque. O mal pode ser perpetrado contra nós por seres humanos, mas nunca devemos esquecer que é o inimigo supremo, o Diabo, quem está por trás deles.

A Palavra de Deus, porém, nos diz como proteger-nos. Temos ordem para ser fortes no Senhor e em seu poder. A força humana é totalmente inútil na guerra contra o supremo adversário, mas o poder de Deus é invencível, e sua proteção, completa.

Para ter acesso a esse poder e a essa proteção, precisamos vestir a armadura de Deus: o cinto da verdade (para lutar contra as mentiras de Satanás), a couraça da justiça (para proteger o coração), sapatos (para andar com toda firmeza com Cristo), o escudo da fé (para repelir as acusações de Satanás), o capacete da salvação (para proteger a mente) e a espada do Espírito — a Palavra de Deus (para dar-nos conhecimento e fé cada vez maiores).

Acima de tudo, devemos orar! A oração nos fortalece na resistência contra o inimigo. Embora ele sempre tente impedir que alcancemos o que Deus tem para nós, podemos frustrar seus planos com oração, louvor e a Palavra de Deus. Essas são nossas maiores armas, e o Diabo não consegue resistir-lhes.

Senhor, por ter-me alinhado contigo, o inimigo declarou guerra contra mim. Ajuda-me a vestir toda a armadura espiritual que me forneceste. Ensina-me o que ela é, de modo que possa mantê-la.

PODEMOS FRUSTRAR OS PLANOS DO INIMIGO COM *oração*, LOUVOR E A *Palavra de Deus*. ESSAS SÃO NOSSAS MAIORES ARMAS, E O DIABO NÃO CONSEGUE RESISTIR-LHES.

DIA 89 **Oração e agradecimento** ***promovem paz***

LEIA FILIPENSES 4.2-7 E REFLITA

NÃO VIVAM PREOCUPADOS COM COISA ALGUMA; EM VEZ DISSO, OREM A DEUS PEDINDO AQUILO DE QUE PRECISAM E AGRADECENDO-LHE POR TUDO QUE ELE JÁ FEZ. ENTÃO VOCÊS EXPERIMENTARÃO A PAZ DE DEUS, QUE EXCEDE TODO ENTENDIMENTO E QUE GUARDARÁ SEU CORAÇÃO E SUA MENTE EM CRISTO JESUS.

FILIPENSES 4.6-7

Essas palavras do apóstolo Paulo nos lembram de orar e levar os pedidos a Deus, a fim de que possamos ter sua paz reinando em nosso coração. No entanto, o que geralmente esquecemos são as palavras "agradecendo-lhe por tudo que ele já fez". Deixamos de agradecer a Deus em meio ao que está nos acontecendo (ou não). Não nos lembramos de louvá-lo primeiro como a fonte de tudo que precisamos. É preciso fazê-lo, porque tudo que é verdadeiro sobre ele assim permanece, independentemente do que ocorre dentro de nós ou em nossa vida.

Logo antes, Paulo diz duas vezes, enfaticamente, que nos alegremos em Deus. Somos instruídos a alegrar-nos sempre no Senhor (4.4), a encontrar nele nossa alegria. Ao enfrentar os problemas que tanto tememos, deveríamos dizer: "Agradeço, Senhor, por sempre nos sustentares" ou "Agradeço, Senhor, por seres meu protetor e continuares a me proteger".

Quando sentimos medo, apreensão ou preocupação, a paz de Deus pode devolver-nos a calma e inspirar confiança. Temos acesso a essa paz quando louvamos e agradecemos a Deus.

Querido Deus, ajuda-me a não ficar ansiosa ou preocupada em relação a qualquer coisa. Capacita-me a erguer louvores e adoração diante de tudo aquilo que se opõe a mim. Ajuda-me a recusar qualquer pensamento de dúvida. Enche-me com a tua paz que excede todo o entendimento, de modo que meu coração e minha mente sejam protegidos.

QUANDO SENTIMOS MEDO, APREENSÃO OU PREOCUPAÇÃO, A *paz* DE DEUS PODE DEVOLVER-NOS A *calma* E INSPIRAR *confiança*. TEMOS ACESSO A ESSA PAZ QUANDO LOUVAMOS E AGRADECEMOS A DEUS.

DIA 90

O poder de orar *por outros*

LEIA COLOSSENSES 1.9-14 E REFLITA

POR ISSO, DESDE QUE OUVIMOS FALAR A SEU RESPEITO, NÃO DEIXAMOS DE ORAR POR VOCÊS. PEDIMOS A DEUS QUE LHES CONCEDA PLENO CONHECIMENTO DE SUA VONTADE E TAMBÉM SABEDORIA E ENTENDIMENTO ESPIRITUAL.

COLOSSENSES 1.9

Uma das melhores coisas que podemos fazer pelas pessoas em quem temos interesse — pais, filhos, cônjuge, amigos, família, vizinhos, colegas de trabalho, pessoas necessitadas em todo o mundo — é orar. Talvez não possamos oferecer-lhes boa saúde, segurança financeira ou proteção, mas podemos orar para que Deus as cure, sustente e mantenha seguras.

A promessa de orar por outros é um dos melhores presentes que podemos oferecer. Cada vez que buscamos a presença de Deus e a liberação de seu poder em favor de alguém, grandes coisas acontecem. É o meio mais eficaz para tocar as pessoas e fazer diferença na vida delas.

A oração mais importante que podemos fazer pelos outros

é que venham a conhecer melhor a Deus e que ele os ajude a compreender sua vontade, crescer em sabedoria espiritual e viver de maneira a honrá-lo. Podemos orar para que se pareçam mais com Jesus e produzam o fruto de seu Espírito.

Podemos pedir que Deus lhes abra o coração para que possam ouvi-lo. Isso não significa que sempre haverá uma resposta imediata. Algumas vezes pode levar dias, semanas, meses ou até anos. Nossas orações, entretanto, nunca se perdem ou são desvalorizadas. Se orarmos, algo ocorrerá na vida daqueles por quem oramos, quer percebamos quer não. Nada que precise acontecer em nossa vida e na vida de nossos entes queridos ocorre sem a presença e o poder de Deus. A oração convida e ativa ambos.

Senhor, oro pelas pessoas que colocaste em minha vida e em meu coração. Enche-as de sabedoria, entendimento e conhecimento da tua vontade. Que elas aprendam a ouvir tua voz e que te conheçam melhor.

Se oramos, algo ocorrerá NA VIDA DAQUELES POR QUEM ORAMOS, QUER PERCEBAMOS QUER NÃO.

LEIA TAMBÉM

Quantos não são os momentos em que é difícil confiar. Em que as pressões parecem insuportáveis e sem fim. Agora imagine Deus olhando para você com o carinho e o cuidado que só ele pode oferecer.

Confie foi concebido para ajudá-la a recarregar as forças e aliviar a alma. Escrito por Stormie Omartian, esta obra devocional traz, para reflexão e estudo, uma sugestão de leitura de textos bíblicos relacionados com a temática desenvolvida, além de uma oração. Como recurso adicional, apresenta, ainda, o ponto principal da leitura na forma de uma frase em destaque, para que possa ser revisitado em um simples folhear de páginas.

A palavra do Senhor nunca volta vazia. Confie!

Compartilhe suas impressões de leitura,
mencionando o título da obra, pelo e-mail
opiniao-do-leitor@mundocristao.com.br
ou por nossas redes sociais

Esta obra foi composta com tipografia IvyOra
e impressa em papel TGY Ivory 70 g/m²